英会話1000本ノック 入門編

言いたいことがポンと出る！

英会話コーチ
スティーブ・ソレイシィ

コスモピア

はじめに

　Welcome to『英会話1000本ノック 入門編』！　あれ？ Welcome! と言われたら英語でなんと返事をすればいいの？ Happy New Year! には？　Happy New Year too かな？　知りたいですよね。では「知りたい」を英語では？　このようなシンプルだけれどもよくある英会話の疑問と課題を基に『英会話1000本ノック』の入門編を作りました。

　いきなりですが、英会話を水泳に例えてみます。基本英会話は水泳で言う平泳ぎです。平泳ぎはシンプルな動きを継続して、何往復もするはずです。入門編は犬かきでもなく、動きの激しいクロールでもなく、平泳ぎクラスの英会話が身につくようになっています。今まで犬かきのような英会話しかしたことない人！　ぜひ、この入門編をやってみてください。

　「英会話って難しい」と思っている人もいるかもしれません。私の長年の英会話コーチ経験から言えることは、「日本にいながらでも、誰でも英会話はできるようになる」ということ。海外なんてレベルの高い海に突撃する前に、まず国内の「英会話プール」で英会話の基本はゲットできるのです。Real practice is the key!　そのためにはリアルなアプローチが重要です。

　まずは、200本ずつをこなしながらコツをつかんでみましょう。「100パーセント抜かりなく正解を言うぞ」ではなく、「5分の1は間違っていいから、5分の4正解ぐらいでOK」という気楽なスタンスで始めてみてください。そして、1000本を達成した頃には、鍛えた英会話力が永遠に自分のものになるはずです。

2010年3月

英会話コーチ　スティーブ・ソレイシィ

『英会話 1000 本ノック入門編』のねらい

確かな学習効果

　本書の第一ねらいは、確かな学習効果。そのために本書にはさまざまな工夫をしました。たとえ魅力的な語彙リストや表現集があっても、それを丸暗記してすぐに使える人は 10 万人にひとりもいません。この『英会話 1000 本ノック入門編』の「ノックとリターン」のトレーニングで、確かな学習効果を味わってください。

英会話の基本スキルを身につける

　特にこの入門編では、英会話の基本中の基本スキルをマスターします。基本スキルとは英会話に必要な応対方法、英文法、表現フレーズのこと。この入門編はそれらを身につけたい人、そして、そのために努力をしたい人のための本です。その努力は絶対に無駄にはしません。「僕の指導法＋本と CD ＋あなたの努力＝ちゃんと実感できる学習効果」。この方程式で英会話の基礎が身につけられるはずです。

英会話コーチの経験をふまえて

　日本の英語教育に関わり 20 年が経ちました。文科省の招きで、小中高校の英語教育から、大手塾の英会話講師、自ら経営する英会話スクール、そしてここ 6 年の国内外の大学での教授経験もふまえて、さまざまな観点で英語教育を見てきました。まず大学の入学試験のチカラはすごい。学校も予備校も生徒もその家族も、受験にはかなりの労力を注ぎます。しかし、英会話や英作文の試験はなく、やたらと難しい穴埋め問題ばかり。この入試システムが日本の英語教育をだめにしていると、私は思います。英会話の試験を導入すれば、日本は変わるはずです。進学や進級をするのに自分で英語を話すこと（または書くこと）が必要になれば、もっとできるようになるにちがいない！

　この『英会話 1000 本ノック入門編』こそが本物の英会話の試験。各級で紹介している英語表現はすべて、自然で基本的、そして応用しやすいものばかりです。身につけたチカラはちゃんと試して確実に成長させましょう。では、1000 本目指して Let's start!

CONTENTS

はじめに ······················· ❷
本書の使い方と基本的な構成 ············· ❽
CD トラック表 ·················· ⓭

5級 ⓮

基本あいさつ
- **Unit 1** オウム返しあいさつ ····················· 16
  別れ際のオウム返しあいさつ ··············· 18
- **Unit 2** 別れ際の See you ······················ 19
  See you の裏技1（時間）················ 20
  See you の裏技2（場所）················ 21
- **Unit 3** See you 特訓 MIX ···················· 22
- **Unit 4** 気配りあいさつ Thanks. You too. ········· 24
- **Unit 5** ていねいな出会い表現 ················· 26
  ていねいな別れ際あいさつ ··············· 27

基本文法と表現
- **Unit 6** I'm so... (とても～です) ················ 28
- **Unit 7** I'm not... at all. (全然～ではないです) ······ 29
- **Unit 8** I'm a little... (ちょっと～です) ············ 30
- **Unit 9** He's a little... (彼はちょっと～です) ········ 31
- **Unit 10** 基本文法特訓 MIX ···················· 32
- **Unit 11** Are you...? (あなたは～ですか？) ········· 34
- **Unit 12** Is she...? (彼女は～ですか？) ············ 35
- **Unit 13** Aren't you...? (あなた～じゃないの？) ····· 36
- **Unit 14** Isn't she...? (彼女～じゃないの？) ········ 37
- **Unit 15** Build Up 作文（1）（2）················ 38
- **Speed Quiz** ········· About you 40 / Japan 42
- **5級 仕上げ MIX** ······· 基本あいさつ 44 / 基本文法と表現 46

4級 ㊽

基本あいさつ
- **Unit 16** 季節のあいさつ ····················· 50
  季節のあいさつ Thanks. Same to you. ······· 51
- **Unit 17** ちょっとしたお礼 Thanks. ············· 52

	ちょっとしたお礼　OK.Thanks.	54
	心のこもったお礼　Oh! Thank you so much.	55
Unit 18	シチュエーションノック　Thanks.	56
Unit 19	レストランでのオーダー ＜実践＞	58
	レストランでのオーダー ＜裏技＞	59
Unit 20	ていねいな聞き返し	60
	サバイバルフレーズ集	61

基本文法と表現

Unit 21	Rhythm Master　過去形	62
Unit 22	Was 肯定文 / 否定文	64
Unit 23	Was / Were 疑問文	65
Unit 24	～にいる / いない	66
Unit 25	～にいた？	67
Unit 26	Did you… already？（もう～したの？）	68
Unit 27	I've… already.（もう～したよ）	69
Unit 28	I'm not… yet.（まだ～でない）	70
Unit 29	I haven't… yet.（まだ～できていない）	71
Unit 30	I'm still…（まだ～です）	72
Unit 31	Are you still…?（まだ～ですか？）	73
Unit 32	Build Up 作文（1）（2）	74

Speed Quiz ……… World　76

4級 仕上げ MIX ……… 基本あいさつ　78　/　基本文法と表現　80

3級　82

基本応対

Unit 33	I think so.（そうだと思うんですけど）	84
Unit 34	I don't think so.（そうじゃないと思うんですけど）	85
Unit 35	I hope so.（そうだといいですね）	86
Unit 36	I hope not.（そうじゃないといいですね）	87
Unit 37	気軽な返事 特訓 MIX	88
Unit 38	道順クイック返し1　It's that way.	90
	道順を教えてあげる（時間や距離の目安）	91
Unit 39	道順クイック返し2　I'm sorry. I'm not sure.	92
	道順がわからない時のていねいなフォロー	93

Unit 40 道案内のシンプル表現 ………………………………… 94
Unit 41 自分から道順を聞く ………………………………… 96
Unit 42 シチュエーションノック（道順）………………… 97
Unit 43 Sure. Here you are.（はい、どうぞ）…………… 98
　　　　Sure. Go ahead.（いいですよ、どうぞ）………… 99

基本文法と表現
Unit 44 May I have…?（〜をいただけますか？）………… 100
　　　　May I…?（〜してもよいですか？）……………… 102
Unit 45 Would you…?（〜していただけますか？）……… 103
　　　　Would you like…?（〜はいかがですか？）……… 104
　　　　Would you like to...?（〜するのはいかがですか？）…… 105
Unit 46 Would と May 特訓 MIX ………………………… 106
Speed Quiz ………… About you　108 / Weather　110
3級 仕上げ MIX ………… 基本応対　112 / 基本文法と表現　114

2級　116

基本応対
Unit 47 クイック返し　Me too.（私も）………………… 118
　　　　クイック返し　Mine too.（私のも）…………… 119
　　　　クイック返し　Me neither.（私もそうじゃない）…… 120
　　　　クイック返し　Mine either.（私のもそうじゃない）…… 121
　　　　クイック返し 特訓 MIX ………………………… 122
Unit 48 How are you?　基本返し Good, thanks. And you? …… 124
　　　　What's / How's…?　基本返し Not much. / Not bad.　125
Unit 49 オウム返しで確認ノック ………………………… 126
Unit 50 聞き返しノック　What's that? ………………… 128
Unit 51 会話を発展させるノック　Really? Why? ……… 130
　　　　会話を発展させるノック　Really? When? …… 131

基本文法と表現
Unit 52 …not that…（そんなに〜ではありません）…… 132
　　　　…not that… 過去形 ……………………………… 133
　　　　…not such a…（そんなに〜ではありません）…… 134
Unit 53 Have you ever…?（〜したことがありますか？）…… 135
Unit 54 I've…（〜したことがあります）………………… 136

	I've been… (for… years)（[～年間] ～しています）	137
Unit 55	I've never…（～したことがありません）	138
Unit 56	I have to…（～しなくちゃ）	139
	don't have to…（～しなくてもいいよ）	140
	Do we have to…?（～しなくてはいけませんか？）	141

Speed Quiz ……… How about you?　142 / English words　144

2級 仕上げMIX ……… 基本応対　146 / 基本文法と表現　148

1級 …150

レベルアップ応対

Unit 57	Congratulations!（おめでとう！）	152
Unit 58	Good for you.（えらいですね！ / よかったですね！）	153
Unit 59	ていねいに断る　Well, that's not a good idea.	154
Unit 60	Please don't.（やめてください）	155
Unit 61	Oh, please!（かんべんして！）	156
Unit 62	It's up to you.（あなたのいいように）	157
Unit 63	Don't worry about it.（気にしないで）	158
	That's OK.（気にしないで）	159
Unit 64	スポーツのときのやりとり	160
Unit 65	Do you remember…?（覚えてますか？）	162
	Build Up 作文	163

レベルアップ文法と表現

Unit 66	Let me…（～させてください）	164
Unit 67	I'll…（～しておきます）	165
Unit 68	I wish I had…（～があったらいいのに）	166
Unit 69	I hope I can…（～できるといいな）	167
Unit 70	I should…（～したほうがいい）	168
Unit 71	looks + 形容詞（～そう！）	170
Unit 72	looks like + 名詞（～みたい！）	172
Unit 73	sounds + 形容詞（～のようだね）	173
Unit 74	Rhythm Master（going to…）	174
Unit 75	It's a kind of…（～のようなものです）	176

Speed Quiz ……… Media & Society　178

1級 仕上げMIX … レベルアップ応対　180 / レベルアップ文法と表現　182

本書の使い方と基本的な構成

本書の構成

CDの使い方

　付属のCD 2枚は本で紹介されている1000本のノックがトレーニングできるように収録されています。スティーブコーチとの会話を楽しむつもりでCDを存分に使って練習してください。

　ノックにはコーチが英語を投げ、あなたが英語で返す英⇒英パターンと、日本語ノックに対してあなたがそれを英語で返す日⇒英パターンがあります。

　それぞれのフレーズには回答例が収録されているので、自分のリターンの答え合わせや、お手本フレーズの確認がCDのみでもできます。

⚾ 1級を目指そう！

本書は5級から1級までのレベルアップ式になっています。5級〜1級のねらいは以下のとおり。

5級	まずは相手の言葉をリピートして返事ができるようになれるところから始め、簡単なオウム返しと基本的な主語を使った文をゲットする。
4級	5級で習った基本中の基本フレーズにひとことプラスして、自分の意見や気持ちを正確に伝えられるようになる。同じひとことでもさまざまなバリエーションの返し方をゲットする。
3級	ひとことリターンだけでなく、自分から話しかけたり、相手に何かをお願いする質問フレーズを中心に紹介。特にていねいな表現や言い回しをゲットする。
2級	自分から話しかけるだけでなく、会話でわからないところを聞き返したり、have ＋過去分詞を使って自分の経験をアピールできる文など、会話を発展させる表現をゲット。
1級	親しい間柄だからこそ使う日常生活や交友関係に欠かせない表現を紹介。ていねいな言い回しよりも、近い距離の人間関係で使うフレンドリーな表現が使えてこそ本物の1級だ！

⚾ 学習フロー

本書では以下のステップで学習を進めてください。

STEP 1 本だけ！
まずは本のノックとリターンの内容をよく確認して、こういう時はこうやって返すんだということを覚えてください。

▼

 STEP 2 しおり学習
学習ページのところどころにしおり マークが入っています。（次ページ参照）しおりマークはページのどこを隠して学習したらよいかの目印です。本だけの学習で内容を確認したら、しおりを用意してリターン（自分の答えとなるところ）を隠し、ノックだけを見てリターンができるように学習しましょう。

▼

STEP 3 CDで学習！
CD学習の最大のポイントはCDのスピードに合わせて答えること。本を見ないでCDのノーマルスピードでコーチのノックにリターンできるようになるまで練習しましょう。CDには回答例が入っているので、本がなくてもCDだけで学習できます。

🎾 ページの使い方

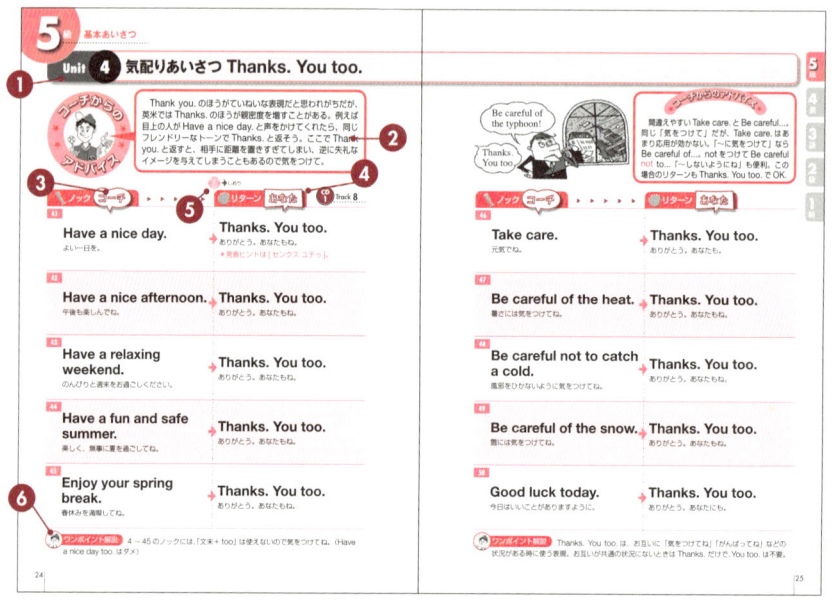

英⇒英パターンは、コーチのノックとあなたのリターンが対話形式になるようになっています。しおりを使った学習では、あなたのリターンを隠して、ノックに答える練習をしましょう。

① ユニット名	これから覚えるフレーズやシチュエーションのテーマ
② コーチからのアドバイス	そのユニットを練習する上でぜひ知っておきたい注意事項やさらに使える表現などの解説
③ コーチ	コーチがあなたに投げるノックフレーズ
④ あなた	あなたが答えるリターンフレーズ （本に載っているリターンは回答例）
⑤ しおりマーク	しおりで練習するときにどこを隠したらよいかの目印
⑥ ワンポイント解説	さらにプラスアップとなる解説

本書の使い方と基本的な構成

表形式（日⇒英パターン）

日⇒英パターンでは、入れ替え可能な単語をわかりやすく表形式にしています。対話型のスタンダード形式（左ページ参照）の日英パターンもありますが、まずは表形式でよく使う基本フレーズと入れ替え単語を覚えましょう。

① ユニット名	これから覚える基本フレーズ
② コーチからのアドバイス	文法の解説やその他に使える表現の説明
③ コーチ	コーチがあなたに投げるノックフレーズ 基本フレーズに合わせて、入れ替える単語のみを表形式にしています。
④ あなた	あなたが答えるリターンフレーズ 「基本フレーズ＋入れ替える単語」の形式にしています。
⑤ しおりマーク	しおりで練習するときにどこを隠したらよいかの目印
⑥ 入れ替え単語	そのページで紹介しているフレーズに入れ替えて使える単語を紹介

本書の使い方と基本的な構成

🎾 Speed Quiz について

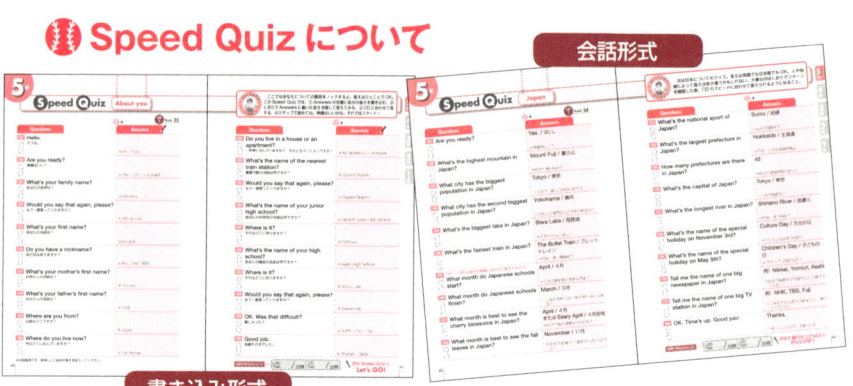

各級にはノックで遊べる Speed Quiz があります。Quiz には自分で答えを書き込んでからリターンの練習する形式と、実際の会話のスピードを楽しむための会話形式（回答例があるもの）の 2 パターンがあります。学習フロー（①本の内容を理解する、②しおり学習、③ CD を聞きながら練習）に合わせて練習を進めましょう。②しおり学習と③ CD 練習のステップでは何問答えられたかをチェックボックスを使ってチェックしてみてください。だいたい 8 割くらい答えられるようになれば合格です。

🎾「仕上げ MIX」について

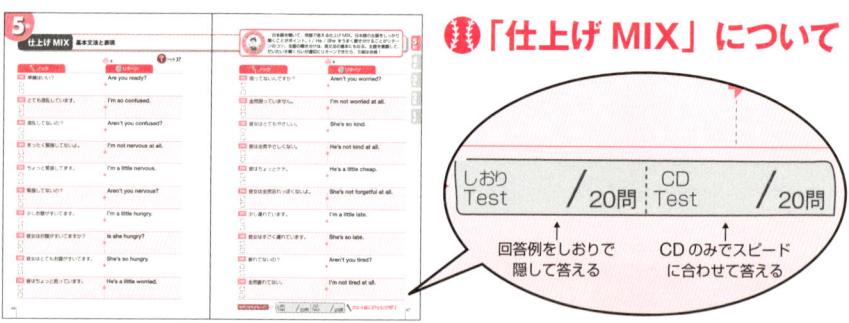

「仕上げ MIX」は各級の総仕上げです。このページでは各級で学習してきたフレーズを 20 問ランダムに並べて進級テストを行います。「仕上げ MIX」は、英語を聞いて英語を返すフレーズのテストと、日本語を聞いて英語を返すフレーズのテストの 2 種類です。ここでも学習フローにそって進め、ステップ②しおりを使ったテストと、ステップ③ CD のみでスピードに合わせて答えられるかのテストで何問答えられたかをチェックしておきましょう。大きな目安として 8 割くらいを CD のノーマルスピードに合わせてポンポンと答えられるようになったら、その級は合格です！

CD トラック表

Track No	Unit
	CD 1
1	はじめに
	5級
2	Unit 1-1
3	Unit 1-2
4	Unit 2-1
5	Unit 2-2
6	Unit 2-3
7	Unit 3
8	Unit 4
9	Unit 5-1
10	Unit 5-2
11	Unit 6
12	Unit 7
13	Unit 8
14	Unit 9
15	Unit 10
16	Unit 11
17	Unit 12
18	Unit 13
19	Unit 14
20	Unit 15-1
21	Unit 15-2
22	Speed Quiz について
23	Speed Quiz 1
24	Speed Quiz 2
25	仕上げ MIX について
26	仕上げ MIX 1
27	仕上げ MIX 2
	4級
28	Unit 16-1
29	Unit 16-2
30	Unit 17-1
31	Unit 17-2
32	Unit 17-3
33	Unit 18
34	Unit 19-1
35	Unit 19-2
36	Unit 20-1
37	Unit 20-2
38	Unit 21
39	Unit 22
40	Unit 23
41	Unit 24
42	Unit 25

Track No	Unit
43	Unit 26
44	Unit 27
45	Unit 28
46	Unit 29
47	Unit 30
48	Unit 31
49	Unit 32-1
50	Unit 32-2
51	Speed Quiz
52	仕上げ MIX 1
53	仕上げ MIX 2
	3級
54	Unit 33
55	Unit 34
56	Unit 35
57	Unit 36
58	Unit 37
59	Unit 38-1
60	Unit 38-2
61	Unit 39-1
62	Unit 39-2
63	Unit 40
64	Unit 41
65	Unit 42
66	Unit 43-1
67	Unit 43-2
68	Unit 44-1
69	Unit 44-2
70	Unit 45-1
71	Unit 45-2
72	Unit 45-3
	CD 2
	3級続き
1	Unit 46
2	Speed Quiz 1
3	Speed Quiz 2
4	仕上げ MIX 1
5	仕上げ MIX 2
	2級
6	Unit 47-1
7	Unit 47-2
8	Unit 47-3
9	Unit 47-4
10	Unit 47-5

Track No	Unit
11	Unit 48-1
12	Unit 48-2
13	Unit 49
14	Unit 50
15	Unit 51-1
16	Unit 51-2
17	Unit 52-1
18	Unit 52-2
19	Unit 52-3
20	Unit 53
21	Unit 54-1
22	Unit 54-2
23	Unit 55
24	Unit 56-1
25	Unit 56-2
26	Unit 56-3
27	Speed Quiz 1
28	Speed Quiz 2
29	仕上げ MIX 1
30	仕上げ MIX 2
	1級
31	Unit 57
32	Unit 58
33	Unit 59
34	Unit 60
35	Unit 61
36	Unit 62
37	Unit 63-1
38	Unit 63-2
39	Unit 64
40	Unit 65-1
41	Unit 65-2
42	Unit 66
43	Unit 67
44	Unit 68
45	Unit 69
46	Unit 70
47	Unit 71
48	Unit 72
49	Unit 73
50	Unit 74
51	Unit 75
52	Speed Quiz
53	仕上げ MIX 1
54	仕上げ MIX 2
55	最後に

5級

Welcome to Level 5! この5級からスタートし、一緒に1級までがんばりましょう。やさしいフレーズに見えてもCDのスピードに合わせて答えるのは意外と大変なもの。何度も練習して、「ノックとリターン」の感覚を身につけてね。さあ、1000本ノックのスタートです！

自分の学習スタイルを探そう

　5級ではノックを受け返しながら、自分なりの学習スタイルを見つけよう。本書のトレーニングは、英会話の学習のやり方がわからない方はもちろん、英語の勉強が得意じゃない方でもやり通せるように工夫して作ったもの。まずは、「ノック＆リターン」の感覚を身につけると同時に自分なりの「これならやっていける」学習スタイルを見つけてね。

A）本でしっかり理解し、次にしおりで答えを隠してリターンを確認する。そして最後に、CDに挑む。
B）本で一連のノックとリターンをサーッと見て、すぐにCDでトライ。
C）もっとせっかちな人は（ここさえ読んでいないかも……）、まずCDをかけて、それを止めながら本をチェックする。
D）最後の1000本目のノックをCDで聞いて寝る。

　D以外はどれもOK。コーチとしてのオススメはもちろんAだけど、皆さんと同じように長年の外国語学習経験（ニホンゴですけど……）から言うと、Bのように多少飛ばしながら早くやり遂げる（1000本まで早く達する）方法を選ぶかも。それでも、自信と達成感が得られるし、すべての基本文法と基本表現を完璧にマスターできなくても、ストレスなくスムーズに進められる。より早く大きな気持ち的なメリットを得られるのはC。そのため、CもオススメできなくはないFine。さて、前説が長くなりましたが（ここまで読んだ人はAかも……）、5級は自分なりの学習スタイルを探りながらトライしてみよう。

基本あいさつ	基本文法と表現	Speed Quiz	仕上げMIX
60 ノック	**60** ノック	**40** ノック	**40** ノック

5級 基本あいさつ

Unit 1 オウム返しあいさつ

まずは英会話の基本あいさつに欠かせないオウム返しから。CDのノックをよく聞いてリターンに気持ちを入れながら練習してみよう。CDでは言い方やイントネーションを真似するだけではなく、スピードに合わせて打ち返せるように頑張ってね。では、さっそくこの最初の10ノックを一気に打ち返してみよう。まず基本あいさつから、Start！

  Track 2

1

Hi.
どうも。

Hi.
どうも。
＊決して「やあ」ではない。タメ口ではなくもっともスタンダードなあいさつ。

2

Hi there.
どうもどうも。

Hi there.
あら！
＊これはHi.とほぼ同じだが、thereがあると日本語の「あら」と似たような雰囲気が出る。

3

Hey.
オゥ。

Hey.
ヨォ。
＊なるべく落ち着いたトーンで。強く「ヘイ！」と言うのは避けよう。

4

Hello.
こんにちは。

Hello.
こんにちは。

5

Long time no see.
ひさしぶりですね。

Long time no see.
ひさしぶりですね。

ワンポイント解説 Hi.とHello.のていねい度はほぼ同じ。目上の人にもHi.は使えるけれども、落ち着いたトーンで言うこと。つまり、日本でよく言われる「ハーイ！」ではなく「ハィ」。

 ▶ ▶ ▶ ▶ ▶ 🖐 リターン あなた

6
G'morning.
おはよう。

→ **G'morning.**
おはよう。
＊[グッド]ではなく[グ]として[グモーニン]。
Goodのdとmorningのgは発音しない。

7
Good evening.
こんばんは。

→ **Good evening.**
こんばんは。

8
G'day.
いい日だね。

→ **G'day.**
いい日だ。
＊オーストラリアの定番あいさつ。

9
Aloha.
アロハ。

→ **Aloha.**
アロハ。
＊ハワイの定番あいさつ。

10
Good afternoon.
こんにちは。

→ **Good afternoon.**
こんにちは。

 G'morning、G'dayなどの省略形は会話表現なので、手紙やメールではフルスペルで書くようにしよう。

5級 基本あいさつ

Unit 1 別れ際のオウム返しあいさつ

コーチからのアドバイス

一般的にあいさつには省略した発音が広く使われている。Good は文末の d を発音しないことを意識しながら言ってみよう。省略形でも、省略＝カジュアルということにはならないから、どこで使っても大丈夫。

ノック コーチ ▶ ▶ ▶ ▶ ▶	リターン あなた

 Track 3

11

Bye.
では。

→ **Bye.**
では。

12

B-bye.
それでは。

→ **B-bye.**
それでは。
＊［バイバイ］ではなく、［ブバイ］のイメージで発音しよう。

13

G'bye.
さようなら。

→ **G'bye.**
さようなら。

14

G'night.
おやすみ。

→ **G'night.**
おやすみ。

15

Ciao.
じゃね。

→ **Ciao.**
じゃあね。
＊イタリアのあいさつ。ヨーロッパでも英語で会話する人口が増え、特に Ciao. は英会話に広く使われるようになった。

ワンポイント解説 Good morning.、Good night. などの Good を［グッド］とフルに発音すると、とてもお利口さんぶっている、もしくは英語素人感たっぷりな印象を与えてしまう。でも、自分なりに自然にあいさつできることにこしたことないよね。

Unit 2 別れ際の See you

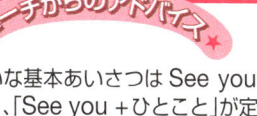

コーチからのアドバイス

ていねいな基本あいさつは See you. だけではなく、「See you ＋ひとこと」が定番。See you. のみではカジュアルすぎる印象になってしまうので、16〜20のよく使われる「See you フレーズ」を覚えて使ってみよう。リターンはオウム返しで OK。

Track 4

16

See you later.
じゃあね。

See you later.
じゃあね。
＊「later＝後で」という意味にとらわれないで、決まり文句として覚えよう。

17

See you soon.
またすぐに。

See you soon.
またすぐにね。

18

See you t'morrow.
明日ね。

See you t'morrow.
明日。
＊t'morrow の t' は [タ] と発音する。[タマロ]が発音ヒント。

19

See you next time.
次の時にね。

See you next time.
次の時に会いましょう。

20

See you Monday.
月曜日にね。

See you Monday.
月曜日に。
＊曜日の前に on がなくても大丈夫。See you t'morrow. / Monday. はオフィスでの「お疲れさま」に近い表現。

ワンポイント解説　「See you とプラスのひとこと」をひと固まりで発音するのが発音のコツ。発音ヒント：See you later.［スィユレダ］、See you soon.［スィユスン］、See you t'morrow.［スィユタマラ］。

Unit 2 See you の裏技 1（時間）

　See you の基本はオウム返しだけれども、See you の後に続くことばが長いとオウム返しが難しいよね。そんな時は、次のふたつの便利なフレーズを使うのがベスト。See you then.（時間）「そのときにね」と See you there.（場所）「そこでね」。例えば、See you March 1st at 10 a.m. は時間の言葉だから See you then。そして、See you at the Shrill cafe.（場所）には See you there.

21

See you Monday at 10.
月曜日の10時にね。

See you then.
じゃあ、そのときにね。

22

See you April 1st.
4月1日に会いましょう。

See you then.
では、そのときに。

23

See you tonight at seven.
今晩7時にね。

See you then.
じゃあ、7時にね。

24

See you the day after tomorrow.
あさって会おうね。

See you then.
じゃあ、あさってにね。

25

See you again next summer.
来年の夏会いましょう。

See you then.
では、来年の夏に。

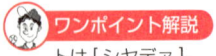 See you then. の発音ヒントは [シヤデン]。See you there. の発音ヒントは [シヤデア]。

See you の裏技 2 (場所)

26
See you at the office.
会社で会いましょう。

➡ **See you there.**
では、会社で。
＊同僚同士で使うあいさつ。社外の人には See you at my company. と company を使う。

27
See you at the Christmas party.
クリスマスパーティでね。

➡ **See you there.**
では、パーティで会いましょうね。

28
See you at the airport.
空港で会いましょう。

➡ **See you there.**
じゃあ、空港でね。

29
See you in the meeting room.
会議室でね。

➡ **See you there.**
では、そこで。

30
See you at the statue in front of the station.
駅前の像の前で会いましょう。

➡ **See you there.**
じゃあ、そこでね。

ワンポイント解説 もし See you + 時間と場所の両方を言われてしまったら？ 例えば「会議室に 10 時ね」See you + at the meeting room + at 10. には、See you then. あるいは See you there. のどちらも OK。

5級 基本あいさつ

Unit 3　See you 特訓 MIX

コーチからのアドバイス

ここでは「ミニ仕上げ」特訓として See you then / there. でリターンできるノックを打っていくね。See you then. を使うか、See you there. を使うか、ノックをよく聞いて、区別して打ち返してみよう。

 ▶ ▶ ▶ ▶ ▶

31

See you Monday afternoon.
月曜日の午後に会いましょう。

See you then.
では、そのときに。

32

See you August 22nd.
8月22日にお会いしましょう。

See you then.
では、そのときに。

33

See you at my office.
会社で会いましょう。

See you there.
では、会社で。

34

See you at the Halloween Party.
ハロウィーンパーティでね。

See you there.
じゃ、そこでね。

35

See you tonight at eight.
今晩8時ね。

See you then.
じゃあ、そのときに。

36

See you at the baseball game.
野球の試合で会いましょう。

➡ **See you there.**
では、そこで。

37

See you at the airport check-in counter.
空港のチェックインカウンターのところで会いましょう。

➡ **See you there.**
では、そこで。

38

See you in Los Angeles!
ロスで会いましょう！

➡ **See you there.**
じゃあ、ロスでね。

39

See you on Christmas Eve.
クリスマスイブにね。

➡ **See you then.**
そのときに。

40

See you next week.
来週ね。

➡ **See you then.**
では、来週に。

ワンポイント解説 31〜40には、もしかするとオウム返しができるものもあったかもしれない。例えば See you Monday afternoon. や See you tonight at eight.. は OK! だから、CD でチャレンジするときには、オウム返しでリターンもしてみてもいいよ。

Unit 4 気配りあいさつ Thanks. You too.

5級 基本あいさつ

Thank you. のほうがていねいな表現だと思われがちだが、英米では Thanks. のほうが親密度を増すことがある。例えば目上の人が Have a nice day. と声をかけてくれたら、同じフレンドリーなトーンで Thanks. と返そう。ここで Thank you. と返すと、相手に距離を置きすぎてしまい、逆に失礼なイメージを与えてしまうこともあるので気をつけて。

→しおり

 コーチ ▶ ▶ ▶ ▶ ▶    Track 8

41

Have a nice day.
よい一日を。

Thanks. You too.
ありがとう。あなたもね。
＊発音ヒントは [センクス ユテゥ]。

42

Have a nice afternoon.
午後も楽しんでね。

Thanks. You too.
ありがとう。あなたもね。

43

Have a relaxing weekend.
のんびりと週末をお過ごしください。

Thanks. You too.
ありがとう。あなたもね。

44

Have a fun and safe summer.
楽しく、無事に夏を過ごしてね。

Thanks. You too.
ありがとう。あなたもね。

45

Enjoy your spring break.
春休みを満喫してね。

Thanks. You too.
ありがとう。あなたもね。

 41～45 のノックには、「文末＋too」は使えないので気をつけてね。(Have a nice day too. はダメ)

間違えやすい Take care. と Be careful...。同じ「気をつけて」だが、Take care. はあまり応用が効かない。「〜に気をつけて」なら Be careful of...。not をつけて Be careful not to...「〜しないようにね」も便利。この場合のリターンも Thanks. You too. で OK。

 ▶ ▶ ▶ ▶ ▶

46

Take care.
元気でね。

Thanks. You too.
ありがとう。あなたも。

47

Be careful of the heat.
暑さには気をつけてね。

Thanks. You too.
ありがとう。あなたもね。

48

Be careful not to catch a cold.
風邪をひかないように気をつけてね。

Thanks. You too.
ありがとう。あなたもね。

49

Be careful of the snow.
雪には気をつけてね。

Thanks. You too.
ありがとう。あなたもね。

50

Good luck today.
今日はいいことがありますように。

Thanks. You too.
ありがとう。あなたにも。

ワンポイント解説 Thanks. You too. は、お互いに「気をつけてね」「がんばってね」などの状況がある時に使う表現。お互いが共通の状況にないときは Thanks. だけで、You too. は不要。

Unit 5 ていねいな出会い表現

コーチからのアドバイス

ここでは「はじめまして」や「よろしく」の Nice to... 表現を紹介しよう。特にていねい度をアップさせたい時は、It's nice to meet you. とあたまに It's をつけよう。リターンは、「オウム返し＋too」で OK。

 → → → → →

51
Nice to meet you.
はじめまして。

→ **Nice to meet you too.**
こちらこそ、はじめまして。

52
It's nice to meet you.
お会いできてうれしいです。

→ **It's nice to meet you too.**
私もお会いできてうれしいです。

53
Nice to see you again.
また会えてうれしい。

→ **Nice to see you again too.**
私もまた会えてうれしい。
＊ Nice to meet you. は初回だけ。それ以降は「また会えて」の意味を含めてこのように言う。

54
It's nice to see you again.
またお目にかかれてうれしいです。

→ **It's nice to see you again too.**
私もです。

55
It's nice to finally meet you.
やっとお目にかかれましたね。

→ **It's nice to finally meet you too.**
本当ですね。
＊不定詞 to と meet の間に副詞の finally が入る。

ていねいな別れ際あいさつ

コーチからのアドバイス

別れ際でも「オウム返し＋too」が使える。Nice to meet you. は出会いの表現で、別れ際は Nice meeting you. で。では、別れ際によく使う5個のノックにリターンしてみてね。

56
Nice meeting you.
会えてよかった。

Nice meeting you too.
私も会えてよかった。

57
It was nice meeting you.
お会いできてよかったです。

It was nice meeting you too.
私もです。

58
Nice talking to you.
話せてよかった。

Nice talking to you too.
私も話せてよかったよ。

59
It was so nice talking to you.
お話できてよかったです。

It was so nice talking to you too.
私もです。

60
I had a good time.
楽しかったです。

I had a good time too.
私も楽しかったです。

ワンポイント解説 ていねいさに誠実さをプラスするには、Nice to 表現に It is / was だけでなく、so もつけるとよい。例）It was so nice talking to you.

5級 基本文法と表現

Unit 6 I'm so... (とても〜です)

英会話の本当のチカラは、まず母語である日本語から外国語に置き換えることができるかどうか。日本人だけでなく、世界中の人たちも同じように英語を習得していく。受験勉強などでは先に英語を見て、日本語で英語を理解できているかどうかをはかってしまうので、あまり実践的な力にならない。ここでは使える力をつけるために、しっかり日→英の訓練をしておこうね。

  とても [うれしい]。  CD1 Track 11

61	62	63	64	65
うれしい	悲しい	緊張してる	恥ずかしい	今日は忙しい

 しおり

 あなた

I'm so
とても〜

61 happy.
とてもうれしい。

62 sad.
とても悲しい。

63 nervous.
とても緊張しています。

64 embarrassed.
すごく恥ずかしい。

65 busy today.
今日はすごく忙しい。

入れ替え単語
- tired 疲れた
- shy at first 人見知りする
- bored 飽きた / つまらない
- confused 混乱している
- excited 興奮している / 楽しみにしている
- tone deaf （歌などが）音痴な

Unit 7　I'm not... at all.（全然〜ではないです）

コーチからのアドバイス
日本語では、「私は」と主語をいちいち言わなくてもよいが、英語では必ず主語が必要。ここでは I'm で始まる文を練習しよう。I'm not の発音ヒントは［アイナ］。文末 at all の発音ヒントは［アオール］。

この5つを英語で言ってみよう　**コーチ**　全然［眠く］ない。　CD1 Track 12

66	67	68	69	70
眠く	悲しく	恥ずかしく	緊張して	うれしく

 **I'm not** 〜ない

at all. 全然

66 sleepy
全然眠くありません。

67 sad
全然悲しくない。

68 embarrassed
全然恥ずかしくない。

69 nervous
全然緊張してない。

70 happy
全然うれしくない。

 入れ替え単語　・active 活発な/アクティブな　・quiet 静かな　・cheap ケチな　・worried 心配している　・used to (this) (これ)に慣れている

5級 基本文法と表現

Unit 8　I'm a little... （ちょっと〜です）

コーチからのアドバイス

I'm a little... の「ちょっと〜」は、控えめなニュアンスを好む日本人にぴったり。この 71 〜 80 は 3 つの主語、I / she / he が入れ替わるので注意してね。そして a little の a を忘れずに。発音ヒントは［アマリウ］。

Track 13

この 5 つを英語で言ってみよう　コーチ　ちょっと［暑い］。

71	72	73	74	75
暑い	緊張してる	寒い	眠い	混乱している

 しおり

あなた

I'm a little
ちょっと〜

71
hot.
ちょっと暑い。

72
nervous.
少し緊張してる。

73
cold.
ちょっと寒い。

74
sleepy.
ちょっと眠いです。

75
confused.
ちょっと混乱してます。

入れ替え単語
- drunk 酔っている
- upset 落ち込んでいる
- careless おっちょこちょい（の）
- hyper 落ち着きがない
- bossy 姉キャラの / いばりたがる
- sweaty 汗っかき（の）

Unit 9 He's a little... (彼はちょっと〜です)

  ▶ ▶ ▶ ▶ ▶

76

彼、ちょっと怒ってる。 ➡ **He's a little angry.**

77

彼、少し遅刻するよ。 ➡ **He's a little late.**

78

彼女ってちょっとヘン。 ➡ **She's a little strange.**

79

彼女ってちょっと忘れっぽい。 ➡ **She's a little forgetful.**

80

彼女ってちょっと感情的。 ➡ **She's a little emotional.**

Unit 10 基本文法特訓 MIX

この特訓MIXでは、これまでに習った基本文法と表現を復習すると同時に、自分なりの力試しとして、どれだけとっさに日本語を英語にすることできるのかをチェック！ まずは本を使ってフレーズの内容をよく確認し、次にしおりを使って自分の返すリターンを隠して練習してみてね。最後はCDのスピードに合わせて、テンポよくリターンできるようにがんばろう。

81

私、すごくうれしい。 → **I'm so happy.**

82

彼、とても緊張してる。 → **He's so nervous.**

83

私、全然悲しくないよ。 → **I'm not sad at all.**

84

彼女は全然忙しくないです。 → **She's not busy at all.**

85

私、全然お腹すいてないよ。 → **I'm not hungry at all.**

86

彼はちょっと恥ずかしがりやです。 → **He's a little shy.**

87

彼女はちょっと眠い。 → **She's a little sleepy.**

88

彼女はすごく酔っ払っている。 → **She's so drunk.**

89

彼はちょっと無口なタイプです。 → **He's a little quiet.**

90

彼はすごくケチです。 → **He's so cheap!**

5級 基本文法と表現

Unit 11 Are you...? （あなたは〜ですか？）

これまでの練習で主語と動詞ですぐに応答できるようになったかな？　ここでも同じように、主語とBe動詞を組み合わせた練習を行うよ。「あなたは〜ですか？」と状態を聞く時はまず「Are you... ＋形容詞?」で、主語が彼・彼女のときは「Is she / he...?」で言い返そう。新しい単語も一緒にゲットしてね。

  あなた、[のどが渇いてる]？  Track 16

91	92	93	94	95
のどが渇いてる	準備できた	大丈夫	お腹すいてる	怒ってる

 しおり

あなた

Are you...?
あなた、〜？

91 thirsty?
のど、渇いてる？

92 ready?
準備できた？

93 OK?
大丈夫ですか？

94 hungry?
お腹すいてる？

95 angry?
怒ってる？

入れ替え単語　・full お腹いっぱい　・famous 有名な　・a morning person 朝型　・popular 人気がある　・free ひま

Unit 12　Is she...? (彼女は〜ですか？)

96

彼女、大丈夫ですか？　→ **Is she OK?**

97

彼、本気なの？　→ **Is he serious?**

98

彼はフランス人ですか？　→ **Is he French?**

99

彼女は忙しいですか？　→ **Is she busy?**

100

彼女はトイレにいるの？　→ **Is she in the bathroom?**

入れ替え単語
- awake 起きている
- in line 並んでいる
- on the phone 電話中で
- a city girl / boy 都会っ子

5級 基本文法と表現

Unit 13 Aren't you...? (あなた〜じゃないの？)

Aren't you tired?
No!

コーチからのアドバイス

ここでは会話に欠かせない「あなた〜じゃないの？」を紹介しよう。主語を you にして Aren't you...? と問いかけてみてね。会話をはずませるのにぴったりな表現。発音ヒントは［アンチュ］。

この5つを英語で言ってみよう

コーチ ［疲れて］ないの？

CD1 Track 18

101	102	103	104	105
疲れて	寒く	怖く	急いでる	心配して

しおり

あなた

Aren't you...?
〜ないの？

101 tired?
疲れていない？

102 cold?
寒くない？

103 scared?
怖くない？

104 in a hurry?
急いでるんじゃないの？

105 worried?
心配じゃないの？

入れ替え単語
・sick 病気 ・a baseball fan 野球ファン ・married 結婚している
・single 独身 ・on a diet ダイエット中

Unit 14 Isn't she...? (彼女〜じゃないの？)

コーチからのアドバイス

次は He / She を主語にして「彼/彼女って〜じゃない？」の否定疑問。実際の会話ではよく出てくる表現のうちのひとつ。Isn't she nice?「彼女って親切よね」のように人を褒めるニュアンスで使うこともある。

ノック コーチ ▶ ▶ ▶ ▶ ▶ **リターン** あなた　CD 1 Track 19

106

彼女、寒くないの？　→ **Isn't she cold?**

107

彼、寒くないの？　→ **Isn't he cold?**

108

彼女、お腹すいてないの？　→ **Isn't she hungry?**

109

彼、緊張してないの？　→ **Isn't he nervous?**

110

彼、準備できてないの？　→ **Isn't he ready?**

Unit 15 Build Up 作文 1

5級 基本文法と表現

コーチからのアドバイス
ここでは、やさしい作文にチャレンジ。英文を解釈するだけでなく、自分で英語の文章を作ることが本当の訓練になる。そしてこの作文能力は会話力アップにも重要。接続詞を使ってふたつの文をつないだり、文末に場所、時間、誰という言葉をどんどんつなげて文を作っていけるようにがんばってね。

接続詞 because を使って後に文をつなげてみよう。

CD 1 Track 20

111 うれしい。 ←コーチ
→しおり
I'm happy. ←あなた

112 うれしい、なぜなら……
I'm happy because...

113 うれしい、だって**終わったから**。
I'm happy because **I finished**!

114 うれしい、だって **100 本**が終わったから。
I'm happy because I finished **100**!

115 うれしい、だって 100 本**以上**が終わったから。
I'm happy because I finished **over** 100!

最後にフルセンテンスをもう 1 回どうぞ

ワンポイント解説 over 100 は more than 100 と置き換えても OK。

Build Up 作文 2

前置詞 at、with を使ってことばをどんどんつなげてみよう。

116 私、見たよ。

I saw.

117 あなたのご主人を見た。

I saw **your husband**.

118 あなたのご主人を**公園で**見た。

I saw your husband **at the park**.

119 あなたのご主人が**女性と一緒にいるところを**公園で見た。

I saw your husband at the park **with a woman**.

120 あなたのご主人が**おばあさん**と一緒にいるところを公園で見た。

I saw your husband at the park with an **old** woman.

最後にフルセンテンスをもう1回どうぞ

ワンポイント解説 これで 120 本が完了！。5 級基本あいさつと基本文法と表現のステージが終わったね。5 級達成まであとちょっと。がんばってね。

Speed Quiz — About you

Track 23

Questions	Answers
121 Hello. どうも。	※ Hi. / Hello.
122 Are you ready? 準備はいい？	※ Yes. / OK. / I'm ready.
123 What's your family name? あなたの苗字は？	※ Shiraishi
124 Would you say that again, please? もう一度言ってくれますか？	※ Shi-ra-i-shi.
125 What's your first name? あなたの名前は？	※ Kenichi.
126 Do you have a nickname? あだなはありますか？	※ No. / Yes. MiMi.
127 What's your mother's first name? お母さんの名前は？	※ Hanako.
128 What's your father's first name? お父さんの名前は？	※ Kenji.
129 Where are you from? 出身はどこですか？	※ Japan.
130 Where do you live now? 今はどこに住んでいますか？	※ Yokohama.

※は回答例です。参考にして自分の答えを記入してください。

ここではあなたについての質問をノックするよ。答えはひとことで OK。この Speed Quiz では、① Answers の空欄に自分の答えを書き込む、② しおりで Answers に書いた答えを隠して答えてみる、③ CD に合わせて答える、のステップで進めてね。準備はいいかな。それではスタート！

→しおり

Questions	Answers
131 Do you live in a house or an apartment? 一軒家に住んでいますか？　それともマンションですか？	※ An apartment. / A house.
132 What's the name of the nearest train station? 最寄の駅の名前は何ですか？	※ Ogawa Station.
133 Would you say that again, please? もう一度言ってくれますか？	※ Ogawa Station.
134 What's the name of your junior high school? あなたの中学校の名前は何ですか？	※ Minami Junior High School.
135 Where is it? それはどこにありますか？	※ Shinjuku.
136 What's the name of your high school? あなたの高校の名前は何ですか？	※ Asahi High School.
137 Where is it? それはどこにありますか？	※ Sakura city.
138 Would you say that again, please? もう一度言ってくれますか？	※ Sakura city.
139 OK. Was that difficult? 難しかった？	※ A little. / No. / Yes.
140 Good job. お疲れさまでした。	※ Thanks. / Yeah!

何問できたかチェック　しおり Test ／20問　CD Test ／20問　次の Speed Quiz に Let's GO!

Speed Quiz — Japan

5級

Track 24

#	Questions	Answers
141	Are you ready?	Yes. / はい。 ⇒準備はいい？
142	What's the highest mountain in Japan?	Mount Fuji / 富士山 ⇒日本一高い山は？
143	What city has the biggest population in Japan?	Tokyo / 東京 ⇒日本で一番人口が多い都市は？
144	What city has the second biggest population in Japan?	Yokohama / 横浜 ⇒日本で二番目に人口が多い都市は？
145	What's the biggest lake in Japan?	Biwa Lake / 琵琶湖 ⇒日本一大きい湖は？
146	What's the fastest train in Japan?	The Bullet Train / ブレットトレイン ⇒日本一速い電車は？
147	147〜150は自分の地域に合わせて答えてみよう。 What month do Japanese schools start?	April / 4月 ⇒日本の新学期が始まる月は？
148	What month do Japanese schools finish?	March / 3月 ⇒日本の学校では一年が終わるのは何月？
149	What month is best to see the cherry blossoms in Japan?	April / 4月 または Early April / 4月初旬 ⇒日本で桜が満開なのは何月？
150	What month is best to see the fall leaves in Japan?	November / 11月 ⇒日本で紅葉が一番きれいなのは何月？

コーチからのアドバイス: 次は日本についてのクイズ。人や地域によって答えは多少違うかもしれない。大事なのはしおりでリターンを確認した後、CDのスピードに合わせて答えられるようになること。

→しおり

Questions	Answers
151 What's the national sport of Japan?	Sumo / 相撲 ⇒日本の国技は？
152 What's the largest prefecture in Japan?	Hokkaido / 北海道 ⇒日本一大きな都道府県は？
153 How many prefectures are there in Japan?	47 ⇒日本の都道府県の数は？
154 What's the capital of Japan?	Tokyo / 東京 ⇒日本の首都は？
155 What's the longest river in Japan?	Shinano River / 信濃川 ⇒日本一長い川は？
156 What's the name of the special holiday on November 3rd?	Culture Day / 文化の日 ⇒11月3日は何の祝日？
157 What's the name of the special holiday on May 5th?	Children's Day / 子どもの日 ⇒5月5日は何の祝日？
158 Tell me the name of one big newspaper in Japan?	例）Nikkei, Yomiuri, Asahi ⇒日本の新聞社の名前をひとつ挙げてください。
159 Tell me the name of one big TV station in Japan?	例）NHK, TBS, Fuji ⇒日本のテレビ局の名前をひとつ挙げてください。
160 OK. Time's up. Good job!	Thanks. ⇒はい。ここまで。お疲れさま！

何問できたかチェック　しおりTest　/20問　CD Test　/20問

次は5級の仕上げMIXにチャレンジ！

仕上げ MIX　基本あいさつ

ノック ▶▶▶▶▶ **リターン**

	ノック	リターン
161	Hi. どうも。	Hi. どうも。
162	Hi there. どうもどうも。	Hi there. あら！
163	Long time no see. ひさしぶり。	Long time no see. ひさしぶりだね。
164	Nice to meet you. はじめまして。	Nice to meet you too. こちらこそ、はじめまして。
165	It was so nice talking to you. お話できてよかったです。	It was so nice talking to you too. 私もお話できてよかったです。
166	G'bye. さようなら。	G'bye. さようなら。
167	Aloha. アロハ。	Aloha. アロハ。
168	G'morning. おはよう。	G'morning. おはよう。
169	Enjoy your spring break. 春休みを満喫してね。	Thanks. You too. ありがとう。あなたもね。
170	Have a nice day. よい一日を。	Thanks. You too. ありがとう。あなたもね。

> コーチからのアドバイス
> では、これから5級の進級テストを始めよう。しおりとCDのステップで何問答えられたかチェックし、4問以上間違えてしまったらもう一度トライしてみてね。回答例のとおりに答えなくてもよいので、自分なりに工夫して答えを返せるようにがんばって。

ノック	リターン
171 Take care. 元気でね。	Thanks. You too. ありがとう。あなたも。
172 See you later. またね。	See you later. またあとでね。
173 See you tomorrow. またあしたね。	See you tomorrow. またあした。
174 See you Monday at 10 in the morning. 月曜日の朝10時にね。	See you then. そのときにね。
175 See you April 15th around eight in the evening. 4月15日の8時ごろに会いましょう。	See you then. では、そのとき。
176 See you at the main entrance of the airport. 空港のメイン入り口で会いましょう。	See you there. では、そこで。
177 See you at Carol's birthday party. キャロルの誕生会で会いましょう。	See you there. じゃあ、そこで。
178 Be careful of the typhoon. 台風には気をつけてね。	Thanks. You too. ありがとう。あなたもね。
179 Take it easy. がんばってね。	Thanks. You too. ありがとう。あなたにも。
180 G'night. おやすみ。	G'night. おやすみ。

次の仕上げMIXに **Let's GO!**

仕上げ MIX　基本文法と表現

5級

Track 27

ノック	リターン
181 準備はいい？	Are you ready?
182 とても混乱しています。	I'm so confused.
183 混乱してないの？	Aren't you confused?
184 まったく緊張してないよ。	I'm not nervous at all.
185 ちょっと緊張してます。	I'm a little nervous.
186 緊張してないの？	Aren't you nervous?
187 少しお腹がすいてます。	I'm a little hungry.
188 彼女はお腹がすいてますか？	Is she hungry?
189 彼女はとてもお腹がすいてます。	She's so hungry.
190 彼はちょっと困っています。	He's a little worried.

コーチからのアドバイス

日本語を聞いて、英語で答える仕上げMIX。日本語の主語をしっかり聞くことがポイント。I / He / She をうまく聞き分けることがリターンのコツ。主語の聞き分けは、英文法の基本にもなる。主語を意識して、だいたい8割くらいが適切にリターンできたら、5級は合格！

ノック	リターン
191 困ってないんですか？	Aren't you worried?
192 全然困っていません。	I'm not worried at all.
193 彼女はとてもやさしい。	She's so kind.
194 彼は全然やさしくない。	He's not kind at all.
195 彼はちょっとケチ。	He's a little cheap.
196 彼女は全然忘れっぽくないよ。	She's not forgetful at all.
197 少し遅れています。	I'm a little late.
198 彼女はすごく遅れています。	She's so late.
199 疲れてないの？	Aren't you tired?
200 全然疲れてない。	I'm not tired at all.

次は4級にチャレンジ！

4級

「ノック＆リターン」のリズムには慣れてきたかな？　4級では同じフレーズでも言い方やイントネーションを変えて、表現力を鍛えるノックを中心に打っていくよ。後半は文法の基礎を固めるノックを用意しているので、基本的な文法のスタイルを思い出しながらチャレンジしてみよう！

実際の英会話に必要なコツとは

　4級は5級よりやさしく感じられるはずです。なぜ！？　と思う人もいるかもしれないけれど、自転車に例えてみるとわかりやすい。自転車に乗れなかった人が練習のために走る1kmと、乗り方をマスターした後に走る1kmはどちらがハード？「ノック＆リターン」も5級の200本をこなす前と後では学習の感じ方がずいぶん違うはず。だんだんとリターンのやり方がわかってくるだけでなく、英会話のコツを覚えてきて、英語を発信する気持ちがふくらんできたのでは？　Did you feel it?

　「ノック＆リターン」の学習で身につくチカラは実際の英会話に必要なコツと一致する。それは、

①母語から英語への切り替えができる
②聞いてすぐに、会話としてノーマルなスピードで応対できる
③便利で応用性の広い表現を身につけ使用することができる

　4級「基本あいさつ」では最もよく使われる応答ワードであるThanks.のさまざまな使い方、それにレストランでの実践練習なども行う。「基本表現と文法」では、過去形をマスターするための特訓やstill（まだ～している）、already（もう～している）、not... yet（まだ～していない）など、日本語でも普段からよく使う表現がたくさん出てくるよ。それでは4級スタート！　がんばってね。

基本あいさつ	基本文法と表現	Speed Quiz	仕上げMIX
60 ノック	**80** ノック	**20** ノック	**40** ノック

4級 基本あいさつ

Unit 16 季節のあいさつ

Happy Halloween! Happy Halloween!

コーチからのアドバイス
祝日や行事など、季節のあいさつの基本はオウム返し。相手のトーンにあわせて、明るく元気に返せば気持ちも快く伝わるはず。これでなじみのない国や文化を持つ人たちとも交流できるね。

→しおり

ノック コーチ ▶▶▶▶▶	リターン あなた　CD1 Track 28
201 **Happy New Year!** あけましておめでとう！	**Happy New Year!** あけましておめでとう！ ＊文末に too は言わない。
202 **Happy Valentine's Day!** ハッピーバレンタイン！	**Happy Valentine's Day!** ハッピーバレンタイン！
203 **Happy Halloween!** ハッピーハロウィーン！	**Happy Halloween!** ハッピーハロウィーン！
204 **Merry Christmas!** メリークリスマス！	**Merry Christmas!** メリークリスマス！
205 **Happy Holidays!** 楽しい休日を！	**Happy Holidays!** 楽しい休日を！

ワンポイント解説 ユダヤ教、イスラム教など、宗教や文化によっては Merry Christmas! と言わないところも多い。そんな時は Happy Holidays! で。現代の国際社会には欠かせない便利なあいさつ。

季節のあいさつ Thanks. Same to you.

> **コーチからのアドバイス**
>
> 世界中のあいさつを全部は覚えるのは無理。フレーズが長くなりオウム返しができないときは、気持ちよくThanks. Same to you. で返事を返そう。相手の雰囲気に合わせて、楽しくチアフルなトーンで言ってみよう。

CD1 Track 29

206
Happy Easter!
ハッピーイースター！

→ **Thanks. Same to you.**
ありがとう。あなたにも。

207
Happy Saint Patrick's Day!
聖パトリックの日、おめでとう。

→ **Thanks. Same to you.**
ありがとう。あなたにも。

208
Happy Chinese New Year!
あけましておめでとう！

→ **Thanks. Same to you.**
ありがとう。あなたにも。

209
Peace and happiness for Ramadan.
ラマダンに平和と幸せを。

→ **Thanks. Same to you.**
ありがとう。あなたにも。

210
Merry Christmas and a very happy and healthy New Year!
メリークリスマス、そして新年を元気に迎えられますように。

→ **Thanks. Same to you.**
ありがとう。あなたにも。

ワンポイント解説 季節や行事のあいさつは、国でも、地域でも、宗教でもなく、個人によってさまざま。聞いたことのないあいさつがでてきても、Thanks. Same to you. の裏技を覚えておけば怖いものなし。

Unit 17 ちょっとしたお礼 Thanks.

4級 基本あいさつ

コーチからのアドバイス

ここで紹介しているのは、すべて Welcome なシチュエーション。歓迎されている場であいさつをしないのはよくないよね。必ずひとことでいいから Thanks. と返事しよう。

→しおり

ノック コーチ ▶ ▶ ▶ ▶ ▶ リターン あなた　CD1 Track 30

211

Welcome to London.
ロンドンへようこそ。

Thanks.
ありがとう。

212

Welcome to our company!
わが社へようこそ。

Thanks.
ありがとう。

＊Thank you. でもいいけれども、相手のトーンに合うので Thanks. がベスト。（ノックのトーンは CD で確認してみよう）

213

Come in.
中へどうぞ。

Thanks.
ありがとう。

214

Follow me.
こちらへどうぞ。

Thanks.
ありがとう。

215

Go ahead.
お先にどうぞ。

Thanks.
ありがとう。

ワンポイント解説 Thanks. の発音のポイントは TH ではない。a を [ア] ではなく、[エ] と発音すること。[TH- アンクス] ではなく [TH- エンクス] という感じ。（CD で音を確認しよう）

ノック コーチ	リターン あなた

216

Here's your drink.
お飲み物をどうぞ。

Thanks.
ありがとう。

217

Have a seat.
お掛けください。

Thanks.
ありがとう。

218

Make yourself at home.
お気楽になさってください。

Thanks.
ありがとう。

219

Just a moment.
少々お待ちください。

Thanks.
ありがとう。

* OK. のひとことで返したり、あるいは何も言わないことも時々ある。

220

Take your time.
ごゆっくりどうぞ。

Thanks.
ありがとう。

4級 基本あいさつ

Unit 17 ちょっとしたお礼 OK. Thanks.

コーチからのアドバイス

「〜してあげましょう」「〜していいよ」と言われたら、Thanks. の前に OK. をつけて返事をしよう。何か情報を含んだメッセージを受け取ったときも、「わかりました。ありがとうございます」と、気持ちをこめて OK. Thanks. で。

→しおり

ノック コーチ ▶▶▶▶	リターン あなた　CD1 Track 31
221 Mr. Smith will be here in a moment. スミス氏はもうすぐ来ますので。	OK. Thanks. わかりました。ありがとう。
222 Your taxi will be here in five minutes. タクシーは5分以内に来ますので。	OK. Thanks. はい。ありがとう。
223 I'll give you a tour. ご案内します。	OK. Thanks. はい。ありがとう。
224 You can sit here. ここに座っていいよ。	OK. Thanks. オッケー。ありがとう。
225 I'll get your order and be right back. 今すぐお伺いしますので。	OK. Thanks. はい。ありがとう。

ワンポイント解説 あたまには OK. の代わりに Alright. も使える。Alright. のほうが少しだけていねいなニュアンスが強い。

心のこもったお礼 Oh! Thank you so much.

ノック コーチ ▶▶▶▶▶ リターン あなた CD1 Track 32

226
Excuse me. You forgot your umbrella.
すいません。傘、忘れてますよ。

Oh! Thank you so much.
おっと、どうもありがとうございます。

227
You dropped your handkerchief.
ハンカチ落としたよ。

Oh! Thank you so much.
おっと、どうもありがとうございます。

228
I love your shoes. They are so cool.
あなたの靴いいね、とてもかっこいい。

Oh! Thank you so much.
それは、どうもありがとう。

229
Your child is over there. He's looking for you.
お子さんがあちらであなたを探してますよ。

Oh! Thank you so much.
おっと、どうもありがとうございます。

230
Here. Please have my seat.
こちらに座ってください。

Oh! Thank you so much.
それは、どうもありがとう。

ワンポイント解説 Oh! Thank you so much. は「どうもありがとうございます」というしっかりしたお礼。各フレーズのシチュエーションを確認してから気持ちを込めてリターンしよう。

Unit 18 シチュエーションノック Thanks.

231

Good morning.
おはようございます。

Good morning.
おはようございます。

232

Welcome to Cafe Z.
カフェZへようこそ。

Thanks.
どうも。

233

How many people?
何名様ですか？（→1名）

Just one.
ひとりです。

234

OK. Follow me.
了解しました。こちらへどうぞ。

Thanks.
ありがとう。

235

Here's your table.
こちらがテーブルです。

Thanks.
ありがとう。

＊ Here are your menus. とメニューを出されたときにも Thanks. で。

コーチからのアドバイス

Thanks. のさまざまな使い方をゲットできたかな？ リターンと自分の答えが違うことも当然あるよね。紹介している回答例にとらわれずに、今までに覚えたフレーズから自分なりの答えを使って練習しよう。

ノック コーチ ▶▶▶▶▶ リターン あなた

236

Your waitress will be right with you.
ウェイトレスがすぐ来ますのでお待ちください。

OK. Thanks.
わかりました。ありがとう。

237

Oh. Here's a menu in Japanese.
日本語のメニューもあります。

Oh. Thank you very much.
どうもありがとう。

238

I'll get some more bread for you.
今、パンをお持ちしますので。

Thanks.
ありがとう。

239

Here's the check.
お勘定はこちらになります。

Thanks.
ありがとう。

240

I'll come back later, but please take your time.
すぐ戻ってきますので、どうぞごゆっくり。

OK. Thanks.
ありがとう。

4級 基本あいさつ

Unit 19 レストランでのオーダー <実践>

コーチからのアドバイス

ノックを読み自分の答えをリターンに記入してからスタートしよう。スピーディにすすめたいかたは CD を聞いて、ウェイトレスの読み上げているメニューから好きなものを I'll have... で答えれば OK。

CD 1 Track 34

ノック コーチ　▶▶▶▶▶▶▶　**リターン** あなた

241 We have fresh juices… orange, grapefruit, papaya and guava.
ジュースは、オレンジ、グレープフルーツ、パパイヤ、グァバがあります。

I'll have...

＊欲しい飲み物がないなら I'll just have water.。

242 Our draft beers are Heineken, Budweiser and Kronenbourg.
ビールはハイネケン、バドワイザー、クローネンバーグがあります。

I'll have...

243 With your beer, we have barbecue chicken, vegetable sticks, calimari or nachos and cheese.
ビールとご一緒に、バーベキューチキン、野菜スティック、イカフライ、ナチョス&チーズがありますがいかがですか?

I'll have...

＊おいしそうなものがなければ、No thanks. I'm OK. でも大丈夫。

244 For dessert, we have cherry pie, brownie a la mode, chocolate cake and baked cheese cake.
デザートにはチェリーパイ、ブラウニー・ア・ラ・モード、チョコレートケーキ、ベイクドチーズケーキがありますがいかがですか?

I'll have...

＊ We'll have this. And we'll share. 私たちこれにして、分けて食べます。

245 For after dinner drinks, we have regular coffee, decaf, capuccino, grappa and espresso.
食後に、レギュラーコーヒー、カフェイン抜きコーヒー、カプチーノ、グラッパ、エスプレッソがありますがいかがですか?

I'll have...

ワンポイント解説

CD では、241〜250 のノックは特別なつくりになっています。まずウェイトレスのノックの後に 2 名のお客さんが食べたいものを注文するので、あなたは 3 番目のお客として自分の食べたいものを答えてください。

レストランでのオーダー＜裏技＞

回答の中から答えたいものを選んでリターンしよう。

CD 1 Track 35

ノック（コーチ） ▶ ▶ ▶ ▶ ▶ ▶ ▶　リターン（あなた）

246 Our soups tonight are Tex Mex chowder, French gumbo and black eyed pea.
今晩のスープは、テックスメックスチャウダー、フレンチガンボ、黒目マメになります。

I'll have the... first / second / last one.
1番目の / 2番目の / 最後のにします。
＊聞き取れない時はパニックせずに、この方法でオーダーしてみよう。

247 Our dinner specials are roasted tenderloin, Roma risotto and grilled lamb Genova.
今晩のスペシャルはローストテンダーロイン、ローマ風リゾット、ジェノバ風羊のグリルになります。

I'll have the... first / second / last one.
1番目の / 2番目の / 最後のにします。

248 Today's ice cream flavors are chocolate magic, pistachio nut delight and green tea dynamite.
本日のアイスクリームは、チョコレートマジック、ピスタチオデライト、抹茶ダイナマイトになります。

I'll have the... first / second / last one.
1番目の / 2番目の / 最後のにします。

249 Our draft beers are Samuel Adams, Dos Eckes and Longboard.
ビールはサミュエルアダムス、ドス・エケス、ロングボードがございます。

I'll have the... first / second / last one.
1番目の / 2番目の / 最後のにします。

250 The dinner specials are Louisianna crab, Florida lobster and Georigia chicken.
今晩のスペシャルはルイジアナ産カニ、フロリダロブスター、ジョージアチキンがございます。

I'll have the... first / second / last one.
1番目の / 2番目の / 最後のにします。

ワンポイント解説 ビールがまったく飲めなくても、甘いものが好きじゃなくても、リターンの例にとらわれず自分の好きなものを答えよう。（※掲載しているメニューには架空のものが含まれています）

Unit 20 ていねいな聞き返し

4級 日常あいさつ

> **コーチからのアドバイス**
>
> 英語が聞き取れないときはどうする？ 避けてほしいのは、「ワンモア、プリーズ」、「アゲイン、プリーズ」。通じるけれど文になっていない。ここではていねいで自然な定番の聞き返し表現を覚えよう。

もっとゆっくり言ってもらえますか？　CD1 Track 36

251 もう一度言ってください。〈コーチ〉

→しおり

Would you say that again? 〈あなた〉

252 もう一度言って**いただけますか**。

Would you say that again, please?

253 ごめんなさい。もう一度言っていただけますか。

I'm sorry. Would you say that again, please?

254 もっとゆっくり言ってもらえますか？

Would you say that more slowly?

255 もっとゆっくり言って**いただけますか**？

Would you say that more slowly, please?

―― 最後にフルセンテンスをもう1回どうぞ ――

ワンポイント解説 Would と Could はほぼ同じ意味で使われる。ただし、Could you...? は「できた？」という意味もあるので、お願いするときは Would you...? を使えば間違いなし。

サバイバルフレーズ集

コーチからのアドバイス

ネイティブ同士でも、話が聞き取れないことは当然ある。全部を完璧に聞きとろうという発想はまず捨てよう。話がわからなくなってしまったり、聞き取れなかったときには即座にこのサバイバルフレーズで聞き返せるように。自分の聞き取れなかったところを英語でとっさに聞き返せる人こそ、本物のリスニング上手。聞いてわかるフリはよしましょう。

ノック コーチ ▶ ▶ ▶ ▶ ▶ リターン あなた　CD1 Track 37

256
何とおっしゃいましたか？ → **Sorry?**

257
聞き取れませんでした。 → **I didn't understand.**

258
最初の部分が聞き取れませんでした。 → **I didn't understand the first part.**

259
最後の部分が聞き取れませんでした。 → **I didn't understand the last part.**

260
わかっている……と思うのですが……。 → **I think... I... understand.**

ワンポイント解説 サバイバルフレーズとして突然の電話応対、来客応対に使える Just a moment, please.「少々お待ちください」も英会話帳に入れておこう。

Unit 21 Rhythm Master 過去形

Track 38

ノック	リターン
261 楽しかった。	It was fun.
262 楽しくなかった。	It wasn't fun.
263 楽しかった？	Was it fun?
264 混んでた。	It was crowded.
265 混んでなかった。	It wasn't crowded.
266 混んでた？	Was it crowded?
267 高かった。	It was expensive.
268 高くなかった。	It wasn't expensive.
269 高かった？	Was it expensive?
270 どうしてそれは高かったの？	Why was it expensive?

コーチからのアドバイス

日本語と英語の文法の大きな違い、①主語があるか、ないか、②語順、③助動詞。Rhythm Masterは、英語独特のこの特徴を身につけるためのユニット。文字を見ると簡単そうだけど、しおりやCDで主語と語順が正しく言えるかどうかを練習してね。まずはBe動詞と一般動詞の過去形を身につけよう。

ノック	リターン
271 全部食べたよ。	I ate everything.
272 全部は食べなかった。	I didn't eat everything.
273 全部食べた？	Did you eat everything?
274 病気になっちゃった。	I got sick.
275 病気にはならなかった。	I didn't get sick.
276 病気になっちゃったの？	Did you get sick?
277 見つけた。	I found it.
278 見つからなかった。	I didn't find it.
279 見つけた？	Did you find it?
280 どこでそれを見つけたの？	Where did you find it?

Unit 22 Was 肯定文 / 否定文

コーチからのアドバイス

次は過去形 was / were をミックスした10本。しおりで主語を意識しながら（I / she / he / you / 固有名詞など）、文末には時間、場所、程度がくる語順をチェック！例）時間 (again)、場所 (in this picture)、程度 (at all)。

→しおり

ノック コーチ ▶ ▶ ▶ ▶ ▶ リターン あなた　CD1 Track 39

281
電車がまた遅れてました。
→ The train was late again.

282
とても困っていました。
→ I was so worried.

283
彼はちょっと怒っていました。
→ He was a little angry.

284
彼女まったく困っていませんでした。
→ She wasn't worried at all.

285
彼女はちょっと変わっていました。
→ She was a little strange.

ワンポイント解説　「怒っている」は angry と mad。「変わっている」は strange か wired。「困っている」は puzzle / confuse もよく出てくるが、最も使われるのは worry。

Unit 23 Was / Were 疑問文

286 電車は遅れた？ → **Was the train late?**

287 あなたは時間どおりでしたか？ → **Were you on time?**

288 この写真では何歳でした？ → **How old were you in this picture?**

289 あなたのお誕生日はいつでしたっけ？ → **When was your birthday?**

290 ごめんなさい、お名前は何でしたっけ？ → **I'm sorry. What was your name again?**

ワンポイント解説 英語で「〜でしたっけ？」を表現したいときは、文末に ...again. をつけよう。日本語と同じ感覚で使える便利な表現。

Unit 24 〜にいる / いない

4級 基本文法と表現

ノック コーチ ▶ ▶ ▶ ▶ ▶ リターン あなた　CD1 Track 41

291

私は今会社にいません。 → **I'm not at my office now.**

292

私は今家にいないです。 → **I'm not at home now.**
＊my home、my house どちらも OK。

293

彼女は今ここにはいない。 → **She's not here now.**

294

私の会社は銀座にあります。 → **My office is in Ginza.**
＊I work in Ginza. も OK。主語を何にするのかは自分の好みで使い分けてね。

295

あなたのお財布はテーブルの上にありますよ。 → **Your wallet is on the table.**

ワンポイント解説　「〜がある / 〜がない」の表現= there is... / isn't... としないように。例えば、「蚊がいる」は、Mosquite's here. のように主語に「蚊」を使うこともできる。

Unit 25 〜にいた？

296 それ、そこにあった？ → **Was it there?**

297 私の携帯、車にあった？ → **Was my cell phone in the car?**

298 今日家にいました？ → **Were you at home today?**

299 先週ハワイにいた？ → **Were you in Hawaii last week?**

300 今朝、どこにいたの？ → **Where were you this morning?**

ワンポイント解説 場所を聞くときはWhereを使ってWhere is...?「どこに〜がある？」。「そこに〜ある/ない？」を聞くときは、Be動詞を使ってIs there...? / Isn't there...?

4級 基本文法と表現

Unit 26 Did you... already? （もう〜したの？）

コーチからのアドバイス

「もう〜した？」の表現は Have you eaten already? より、Did you eat already? が一般的になってきている。ここでは Did you...? を練習しよう。実際の会話やメールではどちらを使ってもOK。受験英語では Have you...? が使われることが多いけれど、ここでは「過去形＋文末に already」の基本スタイルをゲット。already は文中に入ることもあるので、自分がスムーズに言えるスタイルで言ってみよう。

この5つを英語で言ってみよう **コーチ** もう [終わった] の？　　　CD1 Track 43

301	302	303	304	305
終わった	夕食を食べた	それ私に送った	トライしてみた	彼女に電話する

あなた **Did you** あなた〜したの？　　　**already?** もう

301 finish it
もう終わったの？

302 have dinner
もう夕食は食べましたか？

303 send it to me
もうそれ私に送ってくれた？

304 try it
もうトライしてみたの？

305 call her
もう彼女に電話したの？

Unit 27 I've... already. (もう〜したよ)

コーチからのアドバイス

I saw it already. と言うことはあるが、一般的には「I have (I've) + 動詞の完了形 + already」が基本。Unit 26 のように疑問文では単純に過去形を使うことが多く、肯定文は「完了形＋文末に already」と言う。

306
もうそれを見ました。 → I've seen it already.

307
もう読んだよ。 → I've read it already.

308
もう送りました。 → I've sent it already.

309
もう終わりましたよ。 → I've finished it already.

310
もう修理しました。 → I've fixed it already.

Unit 28 I'm not... yet. (まだ〜でない)

4級 基本文法と表現

コーチからのアドバイス

「まだ」と「もう」は会話には欠かせないコア表現。まず「まだ」のパターンを練習しよう。ここでは「まだ〜してない」という「否定文+yet」の練習をする。主語が I の場合と It の場合があるので注意して。

この5つを英語で言ってみよう

コーチ： まだ [疲れて] いない。

CD1 Track 45

311	312	313	314	315
疲れて	準備できて	40代	(それは) 完璧では	(それは) ここに (届いて)

あなた

I'm / It's not 〜でない …… **yet.** まだ

311 tired
まだ疲れていない。

312 ready
まだ準備できてない。

313 in my forties
まだ40代じゃない。

314 perfect
まだそれは完璧じゃない。

315 here
まだ (それは) ここに (届いて) いません。

ワンポイント解説 ここで覚えた Be 動詞の「まだ〜ない」表現と次の Unit 29 の一般動詞の「まだ〜していない」表現を比べてみよう。一般動詞の場合は「haven't ＋過去分詞形＋ yet」を使うのでちょっと難易度アップ。

Unit 29 I haven't... yet. (まだ〜できていない)

> **コーチからのアドバイス**
>
> 一般動詞を使って「まだ〜ない」と言うときには、Be動詞（→p.70）と違い、助動詞 have を使う。I haven't started yet.「(私は) まだ始めていない」, It hasn't started yet.「(それは) まだ始まっていない」のように。

Track 46

316
まだ始めてない。
→ **I haven't started yet.**

317
まだ医者に行っていない。
→ **I haven't gone to a doctor yet.**
＊I haven't been... や I didn't go. と言うこともある。

318
今日はまだお風呂に入っていません。
→ **I haven't taken a bath yet today.**

319
今年はまだ雪が降っていない。
→ **It hasn't snowed yet this year.**

320
春はまだ来ていません。
→ **Spring hasn't come yet.**

4級 基本文法と表現

Unit 30 I'm still... (まだ～です)

コーチからのアドバイス

「まだ～です」と肯定文でいうときには still を使う。疑問文は「Are you still+ 動詞 ing?」。または、「Is it still+ 動詞 ing?」。動詞 ing の代わりに、場所を表すフレーズ、名詞、形容詞もよく使う。

この5つを英語で言ってみよう **コーチ**: まだ [独身] です。

CD 1 Track 47

321	322	323	324	325
独身	家にいる	会社にいる	初心者	勉強中

しおり

あなた

I'm still
私はまだ～だ

321 single.
まだ独身です。

322 at home.
まだ家にいる。

323 at my office.
まだ会社にいます。
＊ in office とは言わない。

324 a beginner.
まだ初心者です。

325 learning.
まだ勉強中です。
＊ studying は「まさに今机に向かっている」という様子。still learning は「まだまだ勉強中」にぴったり。

ワンポイント解説 I'm still... の発音ヒントは [アンスティル]、Is it still... は [イジスティル]。

Unit 31 Are you still...? (まだ〜ですか？)

Track 48

326

まだ待ってるんですか？ → **Are you still waiting?**

327

まだ寝てるの？ → **Are you still sleeping?**

328

まだ悩んでるの？ → **Are you still worrying?**

329

まだ雨降っていますか？ → **Is it still raining?**
＊天気の主語＝ It。Today is... でも通じるが It が自然。

330

日本はまだ暑いですか？ → **Is it still hot in Japan?**

Unit 32 Build Up 作文 1

場所を表す前置詞 in、at を使って作文してみよう。

331 勉強しています。 →コーチ

→しおり

I'm studying. →あなた

332 まだ勉強しています。

I'm still studying.

333 まだ一所懸命に勉強しています。

I'm still studying hard.

334 まだ一所懸命にハワイで勉強しています。

I'm still studying hard in Hawaii.

335 まだ一所懸命にハワイのビーチで勉強しています。

I'm still studying hard in Hawaii at the beach.

最後にフルセンテンスをもう1回どうぞ

ワンポイント解説　「一所懸命に」は動詞の後ろにひとこと hard を入れれば OK。文末の in Hawaii と at the beach の部分は、入れ替えても大丈夫。

Build Up 作文 2

接続詞 so を使ってふたつの文をつなぐ英作文にチャレンジ。

336 まだ始めていない。 〈コーチ〉

→しおり

I haven't started yet. 〈あなた〉

337 まだ、**ダイエットを**始めていない。

I haven't started my diet yet.

338 まだダイエットを始めていない、**だから……**。

I haven't started my diet yet, so ....

339 まだダイエットを始めていない、だから**食べてもいいの**。

I haven't started my diet yet, so I can eat.

340 まだダイエットを始めてない、だから**そのクッキーを**食べてもいいの。

I haven't started my diet yet, so I can eat that cookie.

最後にフルセンテンスをもう１回どうぞ

ワンポイント解説 ここではふたつの文を接続詞 so でつなぐ。so「だから」、because「なぜなら」、but「しかし」はよく使うので、自主トレーニングとして自分なりの例文も作ってみよう。

Speed Quiz — World

Questions	Answers
341 What's the capital of France?	Paris / パリ ⇒フランスの首都は？
342 What's the capital of Italy?	Rome / ローマ ⇒イタリアの首都は？
343 What's the capital of China?	Beijin / 北京 ⇒中国の首都は？
344 What's the capital of the U.S.?	Washington, D.C. / ワシントン DC ⇒アメリカの首都は？
345 What's the capital of Brazil?	Brazilia / ブラジリア ⇒ブラジルの首都は？
346 What country has the biggest population in Europe?	Russia / ロシア ⇒ヨーロッパで一番人口が多い国は？
347 What country has the biggest population in Southeast Asia?	Indonesia / インドネシア ⇒東南アジアで一番人口が多い国は？
348 What country has the biggest population in South America?	Brazil / ブラジル ⇒南アメリカで一番人口が多い国は？
349 What country has the biggest population in North America?	The U.S. / アメリカ ⇒北アメリカで一番人口が多い国は？
350 What country has the biggest population in Africa?	Nigeria / ナイジェリア ⇒アフリカで一番人口が多い国は？

> さあ、世界についてどれだけ知っているか、英語クイズにチャレンジしてみよう。国名は英語でも日本語でもよいのでCDのスピードに合わせて答えられるようになるまで挑戦してね。世界の知識を深めることも英会話コミュニケーションには大切な要素。

Questions	Answers
351 Name two countries in South America.	例) Argentina, Chile, Colombia, *etc*. ⇒南アメリカの国をふたつ挙げて。
352 Next, name two countries in North America.	例) The U.S., Canada, Mexico ⇒北アメリカの国をふたつ挙げて。
353 Name two countries in the Middle East.	例) Iran, Iraq, Saudi Arabia, *etc*. ⇒中東の国をふたつ挙げて。
354 Name two countries in Southeast Asia.	例) Indonesia, Thailand, Philippines, *etc*. ⇒東南アジアの国をふたつ挙げて。
355 What country has the biggest population in the world?	China / 中国 ⇒世界一人口が多い国は？
356 What country has the second biggest population in the world?	India / インド ⇒世界で二番目に人口が多い国は？
357 What country has the biggest economy in the world?	The U.S. / アメリカ ⇒世界一の経済国は？
358 What's the currency in the U.S.?	The Dollar / ドル ⇒アメリカの通貨は？
359 What's the currency in India?	The Rupee / ルピー ⇒インドの通貨は？
360 OK. Last question. What's your favorite European city?	例) Berlin, Paris, Rome *etc*. ⇒ヨーロッパの中で好きな都市は？

何問できたかチェック しおりTest /20問 CD Test /20問 次は4級の仕上げMIXにチャレンジ！

仕上げ MIX　基本あいさつ

Track 52

ノック	リターン
361 Happy Holidays! よい祝日を。	Happy Holidays! よい祝日を。
362 Welcome to our company. わが社へようこそ。	Thanks. どうも。
363 Come in. 中へどうぞ。	Thanks. ありがとう。
364 Follow me. こちらへどうぞ。	Thanks. ありがとう。
365 Mr.Smith will be here in 15 minutes. OK? スミス氏は15分で来ますので。よろしいですか?	OK. Thanks. ありがとう。
366 Your taxi will be here at 4:30. タクシーは4時30分に来ます。	OK. Thanks. ありがとう。
367 Ah, your child is over there. She's looking for you. あのー、お子さんがあちらであなたを探してますよ。	Oh! Thank you so much. まぁ、どうもありがとうございます。
368 Oh. I'll give you a menu in Japanese. 日本語のメニューを差し上げます。	Oh. Thank you so much. どうもありがとう。
369 Excuse me. You forgot your coat. すみません。コートを忘れてますよ。	Oh. Thank you so much. おっと、どうもありがとうございます。
370 Oh. You forgot your umbrella! 傘を忘れてますよ。	Oh. Thank you so much. あらら、ありがとう。

> コーチからのアドバイス
> 4級はスムーズに進められたかな。では、4級仕上げMIXにチャレンジしよう。①本だけを見てリターンを確認　②しおりでリターンを隠して自分なりの答えを練習　③CDを使って練習と進めて、しおりとCDのステップで8割くらい答えられるようになったら、4級合格！

ノック	リターン
371 Merry Christmas! メリークリスマス！	Merry Christmas! メリークリスマス！
372 Merry Christmas and a very happy and healthy New Year! メリークリスマス、そして新年を元気に迎えられますように。	Thanks. Same to you. ありがとう。あなたにも。
373 Our draft beers are Heineken, Guinness, Budwieser. What would you like? 今晩のビールはハイネケン、ギネス、バドワイザーがありますが、どれになさいますか？	I'll have Heineken. ハイネケンにします。
374 Today's ice cream flavors are chocolate, strawberry, and green tea. 今晩のアイスはチョコレート、ストロベリー、抹茶があります。	I'll have strawberry. ストロベリーにします。
375 OK. Here's your desert. 了解しました。デザートになります。	Thanks. ありがとう。
376 376〜379は日本語を英語にしてみよう！ 今、何とおっしゃいましたか？	Sorry?
377 最後の部分が聞き取れませんでした。	I didn't understand the last part.
378 私は最後のにします。	I'll have the last one.
379 私はオレンジジュースにします。	I'll have orange juice.
380 OK. Good job. はい、よくできました。	Thanks. ありがとうございました。

何問できたかチェック　しおりTest　／20問　CD Test　／20問

次の仕上げMIXに **Let's GO!**

仕上げMIX 基本文法と表現

ノック	リターン
381 全部食べたよ。	I ate everything.
382 全部食べた？	Did you eat everything?
383 すっごく忙しかった。	I was so busy.
384 先週ハワイにいたよ。	I was in Hawaii last week.
385 混んでた？	Was it crowded?
386 混んでなかったよ。	It wasn't crowded.
387 もう終わったの？	Did you finish it already?
388 まだ終わってないよ。	I haven't finished yet.
389 まだ疲れていない。	I'm not tired yet.
390 もう私に送ったの？	Did you send it to me already?

> コーチからのアドバイス
> 4級では already、yet、still などがたくさん登場したね。ここでは日本語を聞いて、それにあった英語をリズムよくリターンしてみよう。主語は主に I になるが、人に質問する場合（例：全部食べた？）は主語を You にして言ってみよう。

ノック	リターン
391 もうそれを送ったよ。	I've sent it already.
392 まだ彼のこと好き？	Do you still like him?
393 まだビートルズが好きなのですか？	Do you still like the Beatles?
394 私はまだ初心者です。	I'm still a beginner.
395 まだ学習中です。	I'm still learning.
396 まだ英語はうまくありません。	I'm not good at English yet.
397 彼女はまだスキーがうまくありません。	She's not good at skiing yet.
398 もう4級を終えました。	I've finished level four already.
399 楽しかった？	Was it fun?
400 楽しかった。	It was fun.

次は3級に **Let's GO!**

3級

Welcome to 1000 level 3! 3級はいよいよ1000本ノックの中間地点に突入。自分の答えや考えを伝えるのに Yes. / No. のふた通りだけでは不便だよね。3級では相手に対してていねいな返事や応対、ていねいな聞き方やすすめ方をゲットしていくよ。

「クイックレビュー」のすすめ

　3級はいよいよ1000本ノックの中間地点に突入。その前に、確認。1000本ノックを始めてから、どれくらいの期間（時間）が経った？もしかすると少し間が空いてしまったという人もいるかもしれない。もちろんガンガン進めたい人はそのまま続けてね。でもちょっと復習してから3級という方に「クイックレビュー」を紹介しよう。

　まず、本は使わずにCDだけで5級と4級の各トラックを聞き、声を出してノックを打ち返す。各トラックにあるノックを2問連続で正しくリターンできたら、次のトラックへ。連続して2問を正確に返せるまで同じトラックをリピート。

　僕が実際に日本人の英会話入門者数人を対象に「クイックレビュー」を試したとき、ひとつの級をやり終えるのに10分前後くらいかかりました。もし、それ以上の時間がかかるようだったら、もっと復習が必要。あるいは厳密な正解にこだわりすぎということも考えられる。ちなみに、全級（5〜1級）の「クイックレビュー」（2問連続正解で次のトラックへというメソッド）は50分前後でできるが、かなり大変。でも自分の力だめしとしてトライしてみるともいいかもしれないね。

　さて、この3級では応答バリエーション、絶対に知っておきたい道案内表現と裏技、そして、ていねいな依頼 Would you...？/ May I...？と、聞き取れない時のていねいな聞き返し表現をゲットしていくよ。それでは、Do your best in level three!

基本あいさつ	基本文法と表現	Speed Quiz	仕上げ MIX
80 ノック	**40** ノック	**40** ノック	**40** ノック

Unit 33 I think so. （そうだと思うんですけど）

コーチからのアドバイス

ここでは、Yes. とも No. とも言い切れない場合の表現を覚えよう。確信の度合が低くても「たぶんそうです」という場合には Maybe. ではなく、I think so. がいい。逆に、おそらく No. という場合は I don't think so.。その後に but I'm not sure. をつけて、I don't think so, but I'm not sure. と言うと親切。

→しおり

ノック コーチ ▶ ▶ ▶ ▶ ▶ リターン あなた　CD 1 Track 54

401
Is the train station this way?
駅はこっちですか？

→ I think so.
そうだと思います。

402
Is it far from here?
（それって）ここから遠いの？

→ I think so
そうだと思う。

403
Are you OK?
大丈夫？

→ I think so.
大丈夫だと思う。

404
Can you come tomorrow?
明日来れる？

→ I think so.
行けると思う。

405
Is Shinjuku Station the biggest station in Japan?
新宿駅は日本で一番大きい駅ですか？

→ I think so.
そうだと思います。

＊ biggest の感覚は自分なりのものでいい。I don't think so. と答えても間違いではない。

ワンポイント解説 think の発音について TH の部分を気にする人が多いようだが、そうではなく、i の音に注目してほしい。[イ] ではなく [エ] に近い音で [Th- エンク] のつもりで言ってみよう。（発音ヒントは I think so. [アイセンソ] と I don't think so. [アイダンセンソ]）

Unit 34 I don't think so. (そうじゃないと思うんですけど)

ノック コーチ ▶ ▶ ▶ ▶ ▶ リターン あなた　Track 55

406

Is there a bus stop near here?
このあたりにバス停はありますか？

I don't think so.
ないと思いますが。

407

Is the Post Office open on Saturday?
郵便局は土曜日もやってる？

I don't think so.
やってないと思うよ。

＊あなたが住んでいる地域の郵便局が土曜日開いているなら、I think so. とリアルに答えよう。

408

Is it far from here?
ここから遠いかな？

I don't think so.
そんなことないと思うよ。

409

Do Japanese people like fried, oily foods?
日本人は脂っぽいフライ料理は好きですか？

I don't think so.
好きじゃないと思う。

＊日本では揚げ物が入っていない弁当が珍しいくらいなので、このノックに I think so. の意見の人は、もちろんそのように返してね。

410

Should I give her a tip?
彼女にチップあげたほうがいいかな？

I don't think so.
あげなくていいと思うよ。

3級 基本応対

Unit 35　I hope so.（そうだといいですね）

コーチからのアドバイス

wish と hope はとても混乱しやすい。未来について「〜だといいですね」という場合には、hope のほうが広く使われている。過去のことや文句を言いたくて「〜だったらいいのになぁ」は wish。Unit 35 と 36 では I hope so. と I hope not. の基本的な応答表現をふたつ学ぼう。

📖 しおり

ノック（コーチ） ▶ ▶ ▶ ▶ ▶ **リターン（あなた）**　CD1 Track 56

411
I might come to Japan next summer.
来年日本に行くかもしれません。

▶ **I hope so.**
そうなるといいですね。
＊もし確実に I will come. なら That's good. などと答えるが、ここは might に対する答えなので「だといいね」と hope で返す。

412
My little sister might come too.
私の妹も行くかもしれません。

▶ **I hope so.**
そうなるといいですね。

413
Next time I'll take you to Paris.
次回はパリに連れて行ってあげるよ。

▶ **I hope so.**
期待してるわ。

414
It might be sunny this weekend.
今週末は晴れるかも。

▶ **I hope so.**
そうだといいな。
＊もしもっと確実に「晴れるよ」It's going to be sunny. と言われたのならば、「よかった」That's good. などと返す。

415
She might be the new prime minister.
彼女が新しい総理大臣になるかもよ。

▶ **I hope so.**
そうなるといいな。

ワンポイント解説　I hope so. の発音ヒントは［アイホッソ］。hope の［プ］をあまり発音しないこと。ピアニッシモでね。

Unit 36 I hope not. (そうじゃないといいですね)

It might rain.
I hope not.

コーチからのアドバイス
気をつけてほしいのは、否定文「〜ではないといい」のとき、I don't hope... ではなく、I hope not.。文を作る時は、「I hope + 否定文」で。例）「雨が降らないといい」I hope it won't rain.

ノック コーチ ▶ ▶ ▶ ▶ ▶ **リターン あなた**　CD1 Track 57

416
It might rain this afternoon.
午後から雨が降るかも。

I hope not.
降らないといいな。

417
It might be closed today.
今日は閉まってるかも。

I hope not.
そうならないといいね。

418
He might be the next prime minister.
彼が次の総理大臣になるかもしれません。

I hope not.
そうならないことを願います。

419
You might have to come very early in the morning.
明日は朝早く来てもらうことになるかも。

I hope not.
そうならないことを願うよ。

420
You might have to make a speech in English.
英語でスピーチしないといけないかもしれないよ。

I hope not.
そうならないといいな。

ワンポイント解説　416ではノックに might「〜かもしれない」が使われているから hope を使って返せるが、例えば、「（確実に）午後は雨だ」It's going to rain this afternoon. という場合には、That's too bad.「残念」などと答える。

Unit 37 気軽な返事 特訓 MIX

3級 基本応対

Keep going!

ノック コーチ ▶▶▶▶▶ リターン あなた　CD1 Track 58

421
Is it raining now?
今雨降ってる？

I think so.
降ってると思う。
＊現在の状況に合わせて、I think so. か I don't think so. を思うままに打ち返してね。

422
Is it hot in this room?
この部屋暑い？

I don't think so.
そんなことないと思うけど。

423
Do young people like soccer better than baseball?
若い人は野球よりサッカーのほうが好きですか？

I think so.
そうだと思います。

424
Does Japan have the second largest economy in the world?
日本は世界で二番目に経済力がある国ですか。

I think so.
そうだと思います。

425
Does Japan have a large population?
日本は人口が多いですか？

I don't think so.
そうじゃないと思います。

ワンポイント解説　特にこのユニットのノックは、現在の状況で答えられる自分なりの答えをあてはめて言ってみよう。

ノック コーチ ▶ ▶ ▶ ▶ ▶ リターン あなた

426

It might rain today.
今日は雨が降るかも？

➡ **I hope not.**
そうじゃないといいな。

427

A big earthquake might hit Tokyo again someday.
またいつか大きな地震が東京を襲うかも。

➡ **I hope not.**
そうならないといいけど。

428

We might get a new prime minister.
新しい総理大臣が誕生するかも。

➡ **I hope so.**
そうなるといいね。

＊もちろん、今の総理がお好きな方は I hope not. と思ったままに言ってね

429

I might have a cold.
風邪を引いたかも。

➡ **I hope not.**
そうじゃないといいですね。

430

So, will you come to Germany someday?
いつかドイツに来てくれる？

➡ **I hope so.**
行けるといいな。

ワンポイント解説 might を用いた例文だけでなく、430 のように Will you...? / Are you going to...? で未来の予定などを聞かれた場合も、その答えとして、I hope so. と I hope not. はよく使われる。

3級 基本応対

Unit 38 道順クイック返し1　It's that way.

コーチからのアドバイス

突然道順を聞かれたら、相手の目的地への方向を指で示しながら It's that way. と打ち返してみよう。いきなり英語で聞かれて、あなたも焦っているはずだから、このテクニックは意外と便利。

ノック **コーチ** ▶ ▶ ▶ ▶ ▶　リターン **あなた**　CD1 Track 59

431 Where's the nearest station?
最寄の駅はどこですか？

It's that way.
あちらです。
＊発音ヒントは [イザウェ]。

432 Ah… Which way is the bus stop?
えっと、バス停はどちらですか？

It's that way.
あちらです。

433 Can I find a park near here?
このあたりに公園はありますか？

It's that way.
あっちにありますよ。
＊先頭に Yeah. をつけても OK。

434 Excuse me. I'm looking for a convenience store?
すみません。コンビニを探しているのですが。

It's that way.
あちらですよ。

435 Where is the nearest police box?
一番近くの交番はどこですか？

It's that way.
あっちです。

ワンポイント解説　道案内のイメージはできましたか？　もし 100% わからなかったら無理して言うのではなく、I think it's that way. と確信の度合を下げて言うか、後で習う I'm not sure. をつけ足してリアルに答えよう。

道順を教えてあげる（時間や距離の目安）

コーチからのアドバイス

It's that way. と言った後に余裕があったら、次は、「It's about + 距離 / 時間」。細かい道順はその後でよいので、まず方向と距離や時間の目安をぜひ伝えてあげたい。ここでは「It's about + 距離 / かかる時間 + 文末に from here」。

ノック コーチ ▶ ▶ ▶ ▶ ▶ **リターン** あなた　CD1 Track 60

436
ここから10分くらいです。
→ It's about ten minutes from here.

437
ここから100mくらいです。
→ It's about 100 meters from here.

438
ここから1時間くらいかかります。
→ It's about one hour from here.

439
ここから12kmくらいあります。
→ It's about 12 kilometers from here.

440
すぐそこです。
→ It's right there.

3級 基本応対

Unit 39 道順クイック返し2　I'm sorry. I'm not sure.

コーチからのアドバイス

これまでの道案内ノックに答えられないものはあったかな？　もし答えられなくても I don't know. は「わからん」とぶっきらぼうな印象になってしまうので、なるべく避けてていねいな I'm not sure. を使おう。

→しおり

ノック　コーチ　▶▶▶▶▶　リターン　あなた　CD1 Track 61

441
Do you know where ABC bank is?
ABC 銀行がどこにあるかご存じですか？

→ **I'm sorry. I'm not sure.**
すみません。わかりません。
＊ I'm not sure. の発音ヒントは［アイナシュア］。

442
Which way is Kita 4 Chome?
北4丁目はどちらですか？

→ **I'm sorry. I'm not sure.**
すみません。よくわかりません。

443
Where is the French Embassy?
フランス大使館はどちらですか？

→ **I'm sorry. I'm not sure.**
ごめんなさい。わかりません。

444
How can I get to ABC department store from here?
ここから ABC デパートにはどうやったら行けますか？

→ **I'm sorry. I'm not sure.**
すみません。わかりません。

445
Where can I find the Embassy Hotel?
エンバシーホテルはどちらにありますか？

→ **I'm sorry. I'm not sure.**
ごめんなさい。わかりません。

ワンポイント解説　上では、「わからない」場合のていねいな表現を練習したけれども、それにプラスひとことあると親切な対応になる。右のページ（→ p.93）で表現を覚えたら、I'm sorry. I'm not sure. のあとに続けて言うフォロー表現の練習をしてみてね。

道順がわからない時のていねいなフォロー

446

誰かに聞いてみます。 → **I'll ask someone.**

447

すみません、よくわかりません。
誰かに聞いてみます。 → **I'm sorry. I'm not sure. I'll ask someone.**

448

住所はわかりますか？ → **Do you know the address?**

449

すみません、よくわかりません。
住所はわかりますか？ → **I'm sorry. I'm not sure. Do you know the address?**

450

実は私も道に迷っているんです。 → **Actually, I'm lost too.**

ワンポイント解説　「ご案内します」と一緒に行って場所を教えてあげる場合には、I'll show you the way. もしくは Come with me. / Follow me. などと言える。

Unit 40 道案内のシンプル表現

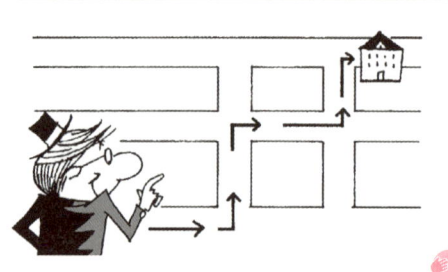

3級 基本応対

コーチからのアドバイス
では具体的な道案内の練習。ついでにLとRの発音のコツもゲット。Lの前に日本語の［エ］が、Rの前には日本語の［ウ］が軽くくるイメージで。light は［エ light］right は［ウ right］の発音感覚でトライしてみて。

ノック　コーチ　▶▶▶▶▶　リターン　あなた　CD1 Track 63

451
まっすぐ行ってください。
→ **You go straight.**
* Go straight. と命令文で言うよりも You を冒頭につけたほうがソフト。

452
次の信号で右に曲がってください。
→ **At the next light, you turn right.**
* ［エ light］、［ウ right］の発音感覚でね。

453
次の信号で、左に曲がってください。
→ **At the next light, you turn left.**

454
3番目の信号で右に曲がってください。
→ **At the third light, you turn right.**

455
3番目の信号で左に曲がってください。
→ **At the third light, you turn left.**

456
その角で右に曲がってください。
→ **At that corner, you turn right.**

457
２番目の角で、左に曲がってください。
→ **At the second corner, you turn left.**

458
ご案内します。
→ **I'll show you.**

459
右手にあります。
→ **It's on your right.**
＊ Your right side. とひとことで答えてもOK。

460
突き当りにあります。
→ **It's at the end of the road.**
＊「廊下の突き当たり」は It's at the end of the hall / hallway / corridor.。

ワンポイント解説 「右手にある」には、on your right、right side、your right hand side などがある。どれも正解……つまり、あなたの言いやすいものであればそれが自分なりの正解。悩んでしまうことが不正解。

Unit 41 自分から道順を聞く

コーチからのアドバイス

今度は逆に自分から道を聞く時の表現をゲットしよう。特にこの3つ、I'm looking for.... / Where's...? / Is there... near here? を覚えてほしい。日本語ノックを聞いて、この中のどのフレーズを使ってもいいので、自分なりに言ってみよう。

461
あの、すいません。

Excuse me.

＊語尾を上げるイントネーションを CD で確認してね。

462
アップル通りを探しているんですけど。

I'm looking for Apple Street.

463
最寄りの地下鉄の駅はどこにありますか？

Where's the nearest subway station?

＊単なる station より train station、subway station、gas station のほうが正確に通じる。

464
お手洗いはどちらですか？

Where's the bathroom?

＊米国では toilet は便器のことを指すので、「お手洗い」は restroom か bathroom か ladies / men's room など。

465
この近くに郵便局ありますか？

Is there a post office near here?

Unit 42 シチュエーションノック（道順）

466

Hi.
こんにちは。

Hi.
どうも。

467

Are you looking for something?
何かお探しですか？

Yes. I'm looking for a subway station.
はい。地下鉄の駅を探しています。

468

It's that way. It's on your left.
あちらですよ。左側にあります。

OK. Thanks.
ありがとう。

469

Good luck.
見つかるといいね。

Thanks.
ありがとう。

470

Have a nice day.
よい一日を。

Thanks. You too.
ありがとう。あなたもね。

Unit 43 Sure. Here you are. （はい、どうぞ）

コーチからのアドバイス

「どうぞ」の基本表現は Please ではない。人に物を差し出す時は Here you are.「はい、どうぞ」。もうひとつは右ページで紹介する、動作に対する Go ahead.「どうぞ」。ここでは僕がなにかものをお願いするので、そこで、「はい、どうぞ」と答えて。言い方は Sure. Here you are.。あたまの Sure. の代わりに Yes. を使うこともあるが、Sure. のほうが「いいですよ」に近く、Yes. は「わかりました」。

ノック コーチ ▶ ▶ ▶ ▶ ▶ リターン あなた　CD1 Track 66

471
May I see your passport?
パスポートを見せてください。

→ **Sure. Here you are.**
もちろん。どうぞ。

472
May I borrow 100 yen?
100円貸してもらえる？

→ **Sure. Here you are.**
はい。いいよ。

473
Do you have a business card?
名刺はお持ちですか？

→ **Sure. Here you are.**
はい。どうぞ。

474
Do you have a tissue?
ティッシュ持ってる？

→ **Sure. Here you are.**
ええ。どうぞ。

475
May I have a credit card? It's for the deposit.
クレジットカードを拝見できますか？　デポジットに必要です。

→ **Sure. Here you are.**
はい。どうぞ。

ワンポイント解説　Here you are. の発音ヒントは［ヒユワ］。似た表現で Here you go. と Here. を使ったカジュアルな言い方もある。とにかく Please. で「はい、どうぞ」を言わないようにね。

Sure. Go ahead. (いいですよ、どうぞ)

> **コーチからのアドバイス**
> 今度はもうひとつの「どうぞ」Go ahead.。動作に対して「どうぞそうしてください」と促す時のフレーズ。直訳するとGo ahead.「先にどうぞ」だが、下のノックのように実際はいろいろな動作に対して使う。

(May I pet you?)

ノック コーチ ▶▶▶▶▶ **リターン** あなた CD1 Track 67

476

May I sit here?
ここに座ってもいいですか？

Sure. Go ahead.
ええ、どうぞ。

477

May I pet your dog?
犬をなでてもいい？

Sure. Go ahead.
ええ、どうぞ。

478

May I take a picture of you in that *kimono*?
着物を着ているあなたの写真を撮ってもいい？

Sure. Go ahead.
いいよ、どうぞ。

479

Is it OK if I use a fork?
フォークを使ってもいいですか？

Sure. Go ahead.
もちろん。どうぞ。

480

Would you excuse me?
ちょっと失礼します。

Sure. Go ahead.
はい。どうぞ。

ワンポイント解説 あなたを追い越したい人にExcuse me.と言われたらSure. Go ahead.と答えることができる。また、お互いが同時に話してしまったとき、「どうぞどうぞ」と言うときにもGo ahead.がぴったり。

3級 基本文法と表現

Unit 44 May I have…? (～をいただけますか？)

コーチからのアドバイス

「May I have +欲しいモノ／情報／人？」で「～をいただけますか？／～をお願いします」と言う時の定番表現。自分の英会話帳には絶対入れておきたいフレーズ。481～485が欲しいモノ、486～490は欲しい情報や人の応用例。訳では「～いただけますか？」や「～をお願いします」になるなど、表現が微妙に違うけれど、言いたいことは同じだよね。

この5つを英語で言ってみよう
コーチ 地図を[いただけますか]。

CD1 Track 68

481	482	483	484	485
地図	お水	おはし	お砂糖	取り皿

しおり

あなた

May I have
～をいただけますか？

481 a map?
地図をいただけますか？

482 some water?
お水をもらえますか？

483 chopsticks?
おはしをいただけますか？

484 some sugar?
お砂糖をもらえますか？
＊ a pack of などは不要。

485 an extra plate?
取り皿をいただけますか？
＊「もう一枚」は、one more plate または another plate と言える。

486
電話番号を教えていただけますか？
→ **May I have your phone number?**
* Would you tell me...? も OK だが、Teach me... とは言わないように。

487
メールアドレスを教えていただけますか？
→ **May I have your e-mail address?**
* このようなフレーズでは address は言っても言わなくても OK。

488
スミスさんをお願いします。
→ **May I have Mr. Smith?**

489
もう一度名前を教えていただけますか？
→ **May I have your name again?**

490
道順をもう一度教えていただけますか？
→ **May I have the directions again?**

3級 基本文法と表現

Unit 44 May I...? (〜してもよいですか？)

コーチからのアドバイス

次は許可を求める「〜してもいいですか？」の表現。入門編ではこの May I...? と次の Would you...? を使い分けるコツを覚えていこう。学校で習ったのになかなか言えない、という人はノック方式で身につけていこう。

この5つを英語で言ってみよう　コーチ　[始めても] いいですか？　CD1 Track 69

491	492	493	494	495
始めても	一緒に写真を撮っても	ここで写真を撮っても	PCを使っても	お手洗いを借りても

しおり

あなた

May I
〜してもよいですか？

491
start?
始めてもいいですか？

492
take a picture with you?
一緒に写真を撮ってもいいですか？

493
take a picture here?
ここで写真を撮ってもいいですか？

494
use this computer?
PCを使ってもいいですか？

495
use the bathroom?
お手洗いを借りてもいいですか？

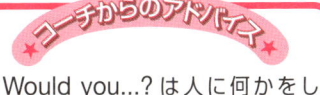

Unit 45 Would you...? (〜していただけますか？)

コーチからのアドバイス

Would you...? は人に何かをしてほしくてお願いをする時のていねいな表現。つまり、Please wait here.「ここで待ってください」より Would you wait here?「こちらでお待ちいただけますか」がていねい。

コーチ [写真を撮って] いただけますか？

CD1 Track 70

この5つを英語で言ってみよう

- 496 （私たちの）写真を撮って
- 497 写真をもう一枚撮って
- 498 もう一度言って
- 499 こちらで待って
- 500 音量を少し下げて

あなた

Would you 〜していただけますか？

496 take our picture?
（私たちの）写真を撮っていただけますか？
＊発音ヒントは［ウッドユー］ではなく［ウッジュ］。

497 take one more picture?
（写真を）もう一枚撮っていただけますか？

498 say that again, please?
もう一度言っていただけますか？

499 wait here?
こちらでお待ちいただけますか？

500 turn down the music a little?
音楽の音量を少し下げていただけますか？

ワンポイント解説 You've reached the the halfway point! Good job. Keep going!!
(1000本の半分、折り返し地点まで着きました！ お疲れさま。この調子でがんばってね) コーチより。

3級 基本文法と表現

Unit 45 Would you like...? （〜はいかがですか？）

コーチからのアドバイス

「Would you like + もの？」は「〜はいかがですか？」、「Would you like to + 動詞？」は「〜するのはいかがですか？」。このふたつ表現は人に何かをすすめるときにとっさに使えるようにしておきましょう。

この5つを英語で言ってみよう

コーチ: [飲み物] はいかがですか？

Track 71

501	502	503	504	505
飲み物	冷たい飲み物	お手伝い	ティッシュ	メールアドレス

しおり

あなた

Would you like
〜はいかがですか？

501
a drink?
飲み物はいかがですか？

502
a cold drink?
冷たい飲み物はいかがですか？

503
some help?
お手伝いしましょうか？

504
a tissue?
ティッシュは必要ですか？

505
my e-mail address?
メールアドレスは必要ですか？

Would you like to...? (〜するのはいかがですか？)

[ここに座り] ますか？

506	507	508	509	510
ここに座る	休憩する	食事を今する	後で決める	一緒に行く

あなた
Would you like to
〜するのはいかがですか？

506 **sit here?**
ここにお座りになりますか？

507 **rest?**
休憩されますか？

508 **eat now?**
お食事は今されますか？

509 **decide later?**
後で決めますか？

510 **join me?**
ご一緒にいかがですか？

* Would you like to sit together? / eat together? なども同じような意味で使える。

ワンポイント解説 507「休憩されますか？」は Do you rest? とは言わないように。

Unit 46 Would と May 特訓 MIX

3級 基本文法と表現

ノック コーチ	リターン あなた
511 これを使ってもいい？	**May I use this?**
512 これを使われますか？	**Would you like to use this?**
513 ここに座ってもいい？	**May I sit here?**
514 ここに座りますか？	**Would you like to sit here?**
515 質問してもいいですか？	**May I ask a question?**

ノック コーチ	リターン あなた
516 質問されますか？	**Would you like to ask a question?**
517 地図をいただけますか？	**May I have a map?**
518 地図はいりますか？	**Would you like a map?**
519 ここにあなたのサインをいただけますか？	**May I have your signature here?**
520 ここに私のサイン、いりますか？	**Would you like my signature here?**

Speed Quiz — About you

Questions	Answers
521 For the speed quizzes, you can give one word answers. Are you ready? スピードクイズではひとことで答えを返してください。準備はいいですか？	※ OK! / Yes. / Let's start.
522 Do you like the weather today? 今日の天気は好きですか？	※ Yes. / No. / Not much.
523 Do you like this season? 今の季節は好きですか？	※ Yes. / No. / Not much.
524 What's your favorite season? あなたの好きな季節はいつですか？	※ Spring. / Summer. / Fall. / Winter.
525 What's your second favorite season? あなたが２番目に好きな季節はいつですか？	※ Spring. / Summer. / Fall. / Winter.
526 In the spring, do you enjoy the cherry blossoms every year? 春は毎年、お花見を楽しんでいますか？	※ Yes. / No. / Almost every year.
527 Are there cherry blossom trees near your home? あなたの家の近くに桜の木はありますか？	※ Yes. / No. / Just one.
528 How far are they from your house? それはあなたの家からどれくらいの所にありますか？	※ It's about 10 minutes from my house.
529 Do you like summer? 夏は好きですか？	※ Yes. / No. / Not much.
530 In the summer, do you travel often? 夏はよく旅行に行きますか？	※ Yes. / No. / Not much.

※は回答例です。参考にして自分の答えを記入してください。

コーチからのアドバイス: ここではあなたの好みなどについて質問してきます。ワンフレーズで答えるものもあれば、Yes. / No. / Not much. など自分の気持ちを考えて答えなくてはならないものもある。回答例を参考にして自分の答えを書き込んでから、しおりやCDを使って練習してみよう。

Questions	Answers
531 Do you have any special plans for next summer? 来年の夏、何か特別な予定はありますか？	※ Yes. / No. / I don't remember.
532 In the summer, what sports do you enjoy? 夏、あなたはどんなスポーツをしますか？	※ Swimming. / Tennis.
533 What foods do you enjoy in the summer? 夏の食べ物は何が好きですか？	※ A noodle dish called *somen*.
534 Sorry? もう一度お願いできますか？	※ A noodle dish called *somen*.
535 In the fall, what foods do you enjoy? 秋の食べ物は何が好きですか？	※ Chestnuts（栗）.
536 Do you play any sports in the fall? 秋はどんなスポーツをしますか？	※ Golf. / Soccer.
537 Do you play any sports in the winter? 冬に何かスポーツはしますか？	※ Yes. / No. / I ski sometimes.
538 What foods do you enjoy in the winter? 冬の食べ物は何が好きですか？	※ A special dish called *nabe*.
539 I'm a little hungry now. How about you? 今、少しおなかがすいています。あなたはどう？	※ Me too. / I just ate.
540 OK. Good job. お疲れさま。	※ Thanks. / I did it!

次の Speed Quiz に **Let's GO!**

Speed Quiz — Weather

3級

Questions	Answers
541 OK. I have some questions about the weather. Good luck. やぁ。天気の20問クイズいくよ。がんばれ。	※ Thanks. / Here we go!
542 Have you gone outside today? 今日は外に行った？	※ Yes. / No. / Not yet.
543 How's the weather right now? 今の天気はどう？	※ It's sunny. / It's windy.
544 Sorry? もう一度お願いします。	※ (Sure.) It's sunny and windy.
545 What is the temperature today? For example about 10 degrees or 20 degrees? 今日の気温は何度くらいですか？例えば10度とか、20度など。	※ About 15 degrees. (15度。)
546 What season is it now? 今の季節は何ですか？	※ Spring. / Summer. / Fall. / Winter.
547 Recently, has it been raining? 最近雨は降っていますか？	※ Yes. / No. / Not much.
548 What month gets the most rain in Japan? 雨がいちばん降るのは何月ですか？	※ Around June. / I'm not sure.
549 What month is the most humid in Japan? 日本で湿気がいちばん多い月はいつですか？	※ June. / I'm not sure.
550 Recently, has it been humid? 最近は湿度は高いですか？	※ Yes. / No. / Not much.

※は回答例です。参考にして自分の答えを記入してください。

> 次は Yes. / No. だけでなく自分の状況に合わせて、I think so. / I hope so. などをうまく使い分けて、答える練習をしてみよう。今まで習ったものばかりでなく、天気に関する表現や単語も新たに出てくるので合わせて覚えていきましょう。

Questions	Answers
551 Where do you check the weather? For example, on your cellphone or in the newspaper? どのように天気をチェックしますか？例えば、携帯電話や新聞など？	※ TV. / The internet.
552 Is it gonna rain tomorrow? 明日は雨でしょうか？	※ I think so. / I don't think so.
553 Is it gonna be sunny? 明日は晴れるでしょうか？	※ I think so. / I don't think so.
554 Tomorrow, is the temperature gonna be hot, cold or just right? 明日は暑くなる、寒くなる、それとも過ごしやすい気温でしょうか？	※ Hot. / Cold. / I hope it'll be hot.
555 Has there been an earthquake recently? 最近地震は起きていますか？	※ I think so. / I don't think so.
556 How about a typhoon? 台風はどうですか？	※ I think so. / I don't think so.
557 When was the last time a typhoon came? For example, last year, three years ago, or you don't remember. いちばん最後に台風が来たのはいつですか？3年前とか、覚えていないとか。	※ A month ago. / I'm not sure.
558 When was the last time it snowed? いちばん最後に雪が降ったのはいつですか？	※ I don't remember. / Two days ago.
559 When was the last time it rained? 最後に雨が降ったのはいつですか？	※ I don't remember. / About a week ago.
560 OK. Have a nice day. はい、ここまで。よい一日を。	※ Thanks.

仕上げ MIX　基本応対

ノック	リターン
561 Which way is the nearest convenience store? 一番近いコンビニはどこにありますか？	It's that way. あちらです。
562 How about the nearest bus stop? じゃあ、一番近くのバス停は？	It's that way. あちらになります。
563 How many minutes is the nearest station from here? ここから最寄りの駅までは何分かかりますか？	It's about 10 minutes from here. ここから10分くらいです。
564 Next, you can answer "I think so. / I don't think so." or "I hope so. / I hope not." OK? 次からの質問には、I think so, I don't think so, I hope so, I hope not を使って答えてね。	OK. はい。
565 It might be easy. きっと簡単です。	I hope so. そうだといいな。
566 It might be a little difficult. ちょっと難しいかも。	I hope not. そうじゃないといいな。
567 We might finish early. 早く終わるかもしれません。	I hope so. そうだといいな。
568 We might miss the last train. （私たちは）終電に間に合わないかも。	I hope not. そうならないといいのですが。
569 Does the train run until 11:30 pm? 電車は夜11時30分までありますか？	I think so. あると思いますよ。
570 Does the train run until two am? 電車は夜中の2時までありますか？	I don't think so. ないと思います。

> コーチからのアドバイス
> では 3 級の総仕上げにチャレンジしよう。4 級までは基本あいさつのフレーズをメインに覚えたけれど、3 級からは基本応対として使える表現がたくさん出てきたね。人に何かを聞かれたときにどうやって応対するのか頭の中でイメージしながらやってみよう。

→しおり

ノック	リターン
571 Does the bus run until 10 pm? バスは夜 10 時までありますか？	I think so. あると思います。
572 We might not need a taxi. タクシーはいらないかもしれません。	I hope so. そうだといいですね。
573 Next answer: "Sure. Here you are." or "Sure. Go ahead." OK? 次は Sure. Here you are. もしくは Sure. Go ahead. で答えてくださいね。いいですか？	OK. はい。
574 May I have your ID or passport? 身分証明書かパスポートを見せていただけますか？	Sure. Here you are. はい、どうぞ。
575 Can I make a copy for the hotel file? ホテルの記録としてコピーをとってもよろしいですか？	Sure. Go ahead. いいですよ、どうぞ。
576 Do you have a pencil? 鉛筆はお持ちですか？	Sure. Here you are. はい、どうぞ。
577 How about an eraser? 消しゴムは？	Sure. Here you are. はい、どうぞ。
578 This is a great pencil. Can I use it all day today? これはすばらしい鉛筆ですね。今日一日お借りしてもいいですか？	Sure. Go ahead. いいですよ、どうぞ。
579 May I give you some advice? アドバイスしましょうか？	Sure. Go ahead. はい、どうぞ。
580 OK. Go to the next unit. Good luck! では、次のユニットに行きましょう。がんばってね。	Thanks. ありがとう。

次の仕上げ MIX に **Let's GO!**

3級 仕上げMIX 基本文法と表現

ノック	リターン
581 ここに座ってもいいですか？	May I sit here?
582 こちらに座っていただけませんか？	Would you sit here?
583 先に行ってもいいですか？	May I go first?
584 先に行ってもらえますか？	Would you go first?
585 お水をいただけますか？	May I have some water?
586 お水はいかがですか？	Would you like some water?
587 あなたのメールアドレスをください。	May I have your e-mail address?
588 私のメールアドレス、いりますか？	Would you like my e-mail address?
589 ここで待ってもいいですか？	May I wait here?
590 こちらでお待ちいただけますか？	Would you wait here?

> ここは非常に重要な仕上げ MIX です。May I... ?、Would you like... ?、そして道案内に欠かせない表現をクイズにしていきます。しおりを使った練習と CD のスピードに合わせるリターンの練習で 8 割程度答えられるようになったら 3 級合格！

ノック	リターン
591 お手伝いしましょうか？	Would you like some help?
592 ごめんなさい。よくわかりません。	I'm sorry. I'm not sure.
593 住所はわかりますか？	Do you know the address?
594 そっちだと思うんだけど。	I think it's that way.
595 誰かに聞いてみるよ。	I'll ask someone.
596 まっすぐです。	You go straight.
597 次の信号で右に曲がってください。	At the next light, you turn right.
598 2番目の信号で左に曲がってください。	At the second light, you turn left.
599 突き当たりになります。	It's at the end of the road.
600 ご案内します。	I'll show you.

次は 2 級にチャレンジ！

2級

ここからは、いよいよ後半戦。2級だからと言って、単語や文法が難しくなるわけではありません。シンプルな英語でも、知らないフレーズや聞いたことのない表現はたくさんあるはず。ここではやさしい英語だけで会話を発展させるスキルを身につけよう。

あなたの英会話力はどれくらい？

　ここですぐできる英会話の力だめしの方法を紹介しよう。What did you do this morning?「今朝、何をしました？」という質問に対して、30秒間以内に英語で何か自由に語ってみる（キッチンタイマーなどがあると便利）。自分の好きなものや話しやすいテーマでよいので、トライしてみよう。

　この力だめしでわかることは、英会話上級者であれば、話の中に自分なりの工夫がされていること。文に関連性を持たすことができる中級者の人はひとつの出来事ごとを一文ずつ述べることができる。英会話に慣れていない人だと、「I woke up... えーと、get up かな……」など、受験英語の三択問題をやっているかのように答える。もしくは、「I ate breakfast in my house... あれ？ at my house...」と一文を言い切る自信がない人が多い。

　この入門編はノックが1000本もある！　まずは一語一句にこだわらずに、臨機応変に僕のノック打ち返してみよう。

　話は変わるけれど、日本の高校と大学の入学試験に英会話（スピーキング）があれば、日本は「英語オンチの国」ではなく、「英語がうまい国！」となったはず。あんな単語クイズ・パズルのような受験勉強ではなく、入試試験に100本ノックをしてごらん。きっと、日本の英語教育界がガラリと変わると思う。でもなかなか試験が変わりそうにもないので、このノックをリターンして、国内でできちゃう、どこにもない Made in Japan の英会話力を身につけてくださいね。

基本あいさつ	基本文法と表現	Speed Quiz	仕上げ MIX
70 ノック	**50** ノック	**40** ノック	**40** ノック

2級 基本応対

Unit 47 クイック返し Me too.（私も）

コーチからのアドバイス

You too.「あなたも」（→ p.24）と Me too.「私も」はよく使う基本応対。前者には Thanks. You too. や、「オウム返し＋too」の表現があった。ここでは Me too. と Mine too.「私のもそう」のふたつを瞬時に使えるよう練習しよう。

ノック コーチ ▶ ▶ ▶ ▶ ▶　リターン あなた　CD2 Track 6

601
I've been so busy recently.
最近すごく忙しい。

Me too.
私も。

602
I want to see a movie someday soon.
近いうちに映画に行きたい。

Me too.
私も。
＊ want to の発音は wanna［ワナ］。

603
I want to visit Europe someday soon.
近いうちにヨーロッパに行きたいです。

Me too.
私も。
＊ someday soon「近いうちに」は便利な表現。

604
I hope we have nice weather tomorrow.
明日はお天気がいいといいな。

Me too.
私もそう思う。

605
I wish I had a vacation house.
別荘があったらいいのになあ。

Me too.
私もそう思う。

ワンポイント解説 601～605のノックもあなたの状況に合わせて答えてほしい。自分の答えが Me too. ではない場合は、Oh. Really?「そうですか」や I see.「なるほど」で答えてもOK。

クイック返し Mine too. (私のも)

My parrot is cute.

Mine too.

Mine three.

ノック コーチ ▶ ▶ ▶ ▶ ▶ リターン あなた

CD 2 Track 7

606 **My mom has become a good friend these days.**
最近、母がいい友だちになってきた。

Mine too.
私の母も。

607 **My dad likes to stay at home.**
父は家にいるのが好きなんです。

Mine too.
私の父もです。

608 **My room is so messy now.**
私の部屋今とても汚いんだよね。

Mine too.
私の部屋も。

＊部屋が汚い場合は dirty ではなく messy。dirty は土などがついて汚れている様子。

609 **My shoulders are stiff.**
私の肩はとてもこっている。

Mine too.
私の肩も。

610 **My confidence has improved just a little.**
自信がちょっと出てきた。

Mine too.
私も。

ワンポイント解説 主語が「My＋名詞」のときには、Me too. と返しても通じるし、そのように使うことはよくあるが、あくまでも主語は「My＋名詞」で代名詞で置き換えると mine なので、正式には Mine too. が正しい。

Unit 47 クイック返し Me neither. (私もそうじゃない)

コーチからのアドバイス

日本語の「私も」は否定文、肯定文に使えるが、英語では肯定文には Me too.、否定文には Me neither. と使い分ける。さらに「私のもそうでない」なら Mine either.。「私も」でないなら Oh. Really? や I see. でも OK。

ノック（コーチ） ▶▶▶▶▶ **リターン（あなた）** CD2 Track 8

611
I don't like this song.
この曲は好きじゃない。

→ **Me neither.**
私も好きじゃない。

612
I don't have enough free time recently.
最近自由な時間がないんです。

→ **Me neither.**
私も同じです。

613
I've never been to Mongolia.
モンゴルには一度も行ったことないな。

→ **Me neither.**
私もないよ。

614
I don't understand rap music.
私はラップ音楽がわからないよ。

→ **Me neither.**
私も。

615
I don't understand French movies.
私にはフランス映画がわからない。

→ **Me neither.**
私もわからない。

ワンポイント解説 Me には neither も either も使うことがあるが、Me neither. が自然。応答のひとことではなく文の一部として使う時は、「私も好きではない」I don't like it either. のように either を使う（neither ではない）。

クイック返し Mine either. (私のもそうじゃない)

616
My mom never complains.
私の母は決して文句を言わない。

→ **Mine either.**
私の母も。

617
My dad can't write text messages.
私の父はメールが打てないんだ。

→ **Mine either.**
私の父も。

618
My parents don't worry about me anymore.
私の両親はもう私のことを心配しなくなった。

→ **Mine either.**
うちの両親も。

619
My English isn't perfect.
私の英語は完璧じゃない。

→ **Mine either.**
私のだって。

620
My life isn't perfect.
私の人生は完璧じゃない。

→ **Mine either.**
私の人生だって完璧じゃない。

ワンポイント解説 Mine に either を使う理由ははっきりしないのだが、おそらく音声的なことが原因なのでは……。

Unit 47 クイック返し特訓 MIX

2級 基本応対

コーチからのアドバイス
では、ここで「私も」の応対を徹底練習しよう。10個のノックに対して瞬時にMe too. / Mine too. / Me neither. / Mine either. を使い分けて、スピーディに言い返せるかチャレンジしてみよう。もし迷ったら、Me too. を使えばOK。

ノック（コーチ） ▶ ▶ ▶ ▶ ▶ リターン（あなた）　CD2 Track 10

621
I love this sunset!
この夕日とても大好き。
→ Me too.
私も。

622
I didn't bring my camera.
カメラ持ってこなかった。
→ Me neither.
私も。

623
I'm so happy that we could see Mt. Fuji.
富士山を見ることができて幸せ。
→ Me too.
私も。

624
I've never eaten this food before.
これは一度も食べたことないな。
→ Me neither.
私もだ。

625
I hope it's not that expensive.
それ、あまり高くないといいんだけど。
→ Me too.
私もそう思う。
＊この I hope it's not... のフレーズは否定文ではないので、I hope に賛成するなら Me too. と答えよう。

626
My dad loves beer.
私の父、ビールが大好きなの。

Mine too.
私の父も。

627
My mom has become a good friend.
私の母はとてもいい友だちになってきた。

Mine too.
私の母も。

628
My house is not that big.
私の家はそんなに広くないよ。

Mine either.
私の家もだよ。

629
My English has gotten a little better.
少し英語がうまくなってきた気がする。

Mine too.
私の英語も。

630
My stomach is so full!
もうお腹いっぱい。

Mine too!
私も。

2級 基本応対

Unit 48 How are you? 基本返し Good, thanks. And you?

コーチからのアドバイス

最も広く使えるあいさつ表現は How are you? かも。「どうですか？」だけではなく、「こんにちは」と同じように使う。返事は「I'm＋今の状態」ではなく Good, thanks. And you? が標準的。いわゆる社交辞令のようなもの。Good. の代わりに Fine. もあるが、堅すぎる印象になってしまうこともあるので Good. がオススメ。

→しおり

ノック　コーチ ▶ ▶ ▶ ▶ ▶ **リターン　あなた**　CD2 Track 11

631
How are you?
元気？

Good, thanks. And you?
元気だよ。ありがとう。あなたは？

632
How are you doing?
調子はどうですか？

Good, thanks. And you?
いいよ。どうもありがとう。あなたはどうですか？

633
How's everything?
うまくいってる？

Good, thanks. And you?
いってるよ。ありがとう。あなたは？

634
How's it going?
どんな感じ？

Good, thanks. And you?
いい感じ。ありがとう。あなたは？

635
Well, well! How are you?
やぁ、やぁ。元気？

Good, thanks. And you?
元気だよ。ありがとう。あなたは元気？

ワンポイント解説　How are you? の変化球としては、上にあげたほかにも、How are you, guys?、How are you two?、How are you, folks? などまだまだある。リターンに迷ったら Good, thanks. And you? で OK。

What's / How's...? 基本返し Not much. / Not bad.

What's up?

ノック コーチ ▶ ▶ ▶ ▶ ▶ リターン あなた　CD2 Track 12

636

What's new?
なんか新しいことあった？

→ **Not much, and you?**
特にないね。あなたは？

637

What's up?
どうだい？

→ **Not much, and you?**
特に何もないね。あなたは？

638

What's going on?
どうなってるの？

→ **Not much, and you?**
特に何もないよ。あなたはどう？
* *What's Going On* は Marvin Gaye の名曲で有名。当時の６０年代に向けて「何が起こっている？」という意味。

639

How's business?
仕事はどう？

→ **Not bad. Thanks.**
まぁまぁかな。ありがとう。
* ここも Good. でも OK だが、商売や学校には Good. =「とても順調」なので、Not bad. だと「まあまあいい」や「ぼちぼち」になる。

640

How's school?
学校はどう？

→ **Not bad. Thanks.**
まぁまぁだね。ありがとう。

ワンポイント解説 636〜638 のように、What で始まるあいさつ表現の返事には Not much. が広く使われる。

Unit 49 オウム返しで確認ノック

2級 基本応対

コーチからのアドバイス
リスニング上達のコツは耳を鍛えるだけでなく、口で音を確認すること。ここでは時間や場所などを言われるので、それを短くオウム返し（つまり確認）して、それからThanks.で応対してね。

→しおり

ノック（コーチ）	リターン（あなた） CD2 Track 13
641 **Your bus comes at 2:10.** あなたのバスは2時10分に来ます。	**2:10. Thanks.** 2時10分ね。了解。
642 **The movie is in theater number seven.** 映画は7番シアターになります。	**Theater number seven. Thanks.** 7番シアターですね。ありがとう。
643 **Your room is 703, in Tower one.** あなたのお部屋はタワー1の703号室です。	**703, in Tower one. Thanks.** タワー1の703号室ですね。ありがとう。
644 **Let's meet at the ticket gate at three pm.** 3時に入り口で会いましょう。	**The ticket gate at three pm. Thanks.** 3時に入り口ですね。ありがとう。
645 **We'll deliver to your house between three and six pm.** 3時から6時の間にお届けいたします。	**Between three and six pm. Thanks.** 3時から6時ですね。ありがとう。

ワンポイント解説 赤い文字が情報のポイントなので、そこを確認する。リピートする内容がちょっとずつ長くなっているけれど、聞き逃さないようにしっかりリスニングして聞き返してね。

646
My e-mail is ss@wahoo.com.

私のメールアドレスは ss@wahoo.com です。

→ **ss@wahoo.com. Thanks.**

ss@wahoo.com ですね。ありがとう。
＊これは架空のアドレスです。

647
We are located in the Apple building, 3rd floor.

場所はアップルビルの3階になります。

→ **The Apple building, 3rd floor. Thanks.**

アップルビルの3階ですね。ありがとう。

648
The deadline is Friday March 1st.

締め切りは3月1日金曜日です。

→ **Friday March 1st. Thanks.**

3月1日金曜日ですね。ありがとう。

649
You turn right at the second light.

二番目の信号で右に曲がってください。

→ **Right at the second light. Thanks.**

二番目の信号で右ですね。ありがとうございます。

650
So your reservation is for Tuesday, April 3rd at 10.

ご予約は4月3日火曜日の10時になっております。

→ **Tuesday April 3rd at 10. Thanks.**

4月3日火曜日の10時ですね。ありがとう。

2級 基本応対

Unit 50 聞き返しノック What's that?

コーチからのアドバイス

今度もリスニング上達のテクニック。なじみがない固有名詞を平気で使う相手に、そのことばを繰り返して What's that? と言ってみよう。私も Would you like *furikake*? と言われ「フリケ？ What's that?」と聞き返したりしたよ。

ノック　コーチ　▶ ▶ ▶ ▶ ▶　リターン　あなた　CD2 Track 14

651
I got this at Wal-Mart.
Wal-Mart でこれを買いました。
→ **Wal-Mart? What's that?**
Wal-Mart?　それは何ですか？
＊Wal-Mart ⇒ アメリカで最も有名で大きなディスカウントショップ。

652
Let's meet in front of the ABC Store downstairs.
下の階の ABC Store の前で会いましょう。
→ **ABC Store? What's that?**
ABC Store?　それって何？

653
Did you see the Grammys on TV last night?
昨晩、Grammys をテレビで見ましたか？
→ **Grammys? What's that?**
Grammys?　それは何ですか？
＊Grammys ⇒ 映画ではアカデミー賞が有名だが、音楽ではグラミー賞。

654
I went to Penn State. How about you?
Penn State へ行きました。あなたはどこへ行きましたか？
→ **Penn State? What's that?**
Penn State?　それは何ですか？
＊Penn State ⇒ ペンシルベニア州立大学

655
I saw the Running of the Bulls in Spain last year.
私は去年スペインで Running of the Bulls を見ました。
→ **Running of the Bulls? What's that?**
Running of the Bulls?　それは何ですか？
＊Running of the Bulls ⇒ 牛追い祭り

ワンポイント解説　英語圏の人に限らず、世界の人と会話すればするほど、わからなかったことを相手に聞き返して説明してもらうテクニックは重要になってくるはず。

ノック コーチ	リターン あなた
656 **Do you have your boarding pass?** Boarding pass はお持ちですか？	**Boarding pass? What's that?** Boarding pass?　それは何ですか？ * boarding pass ⇒ 搭乗券
657 **Can I see a photo ID?** Photo ID を見せてもらえますか？	**Photo ID? What's that?** Photo ID?　それは何ですか？ * photo ID ⇒ 写真付き身分証明書
658 **My daughter was using a fake ID.** 私の娘は fake ID を使っていたんです。	**Fake ID? What's that?** Fake ID?　それは何ですか？ * fake ID ⇒ 未成年が飲酒のために使うことがある偽造された身分証明書
659 **Do you have a Koi pond at your house in Japan?** あなたの日本の家には Koi pond がありますか？	**Koi pond? What's that?** Koi pond?　それは何ですか？ * Koi pond ⇒ 鯉の池
660 **Last year I had my wisdom teeth removed.** 去年、私は wisdom teeth を抜きました。	**Wisdom teeth? What's that?** Wisdom teeth?　それは何ですか？ * wisdom teeth ⇒ 親知らず

ワンポイント解説　英語の音に耳をならすと同時に、聞き返しの話術も覚えられましたか？英語の語彙や用語を全部知っている人は日本人にも英米人もいません。ご安心ください。わからないことを聞き返すのはノーマルなこと。わかったフリが一番よくない。

2級 基本応対

Unit 51 会話を発展させるノック Really? Why?

コーチからのアドバイス

次は会話を弾ませる応対フレーズ。相手からややショッキングなこと言われたときのリターン。「本当に？」に、「なぜですか？」「いつですか？」を加えて、Really? When? や Really? Why? のようにふたつを続けて言う。

ノック コーチ ▶ ▶ ▶ ▶ ▶ リターン あなた CD2 Track 15

661 To go to my office this morning, it took five hours.
今朝、会社に来るのに5時間かかったんだよ。

→ **Really? Why?**
本当に？　なんで？

＊ Really? はRの前に［ウ］を置くイメージで言う。Lの前には［エ］を置くイメージでしたね（→ p.94）。

662 I quit my job.
仕事を辞めたんだ。

→ **Really? Why?**
本当に？　なんで？

663 This aroma-therapy toilet paper costs 200 dollars.
このアロマトイレットペーパー200ドルもしたんだよ。

→ **Really? Why?**
本当に？　なんで？

664 We can't go tonight.
今晩は行けません。

→ **Really? Why?**
本当に？　なんで？

665 I've never voted before.
まだ一度も投票をしたことがありません。

→ **Really? Why?**
本当ですか？　なぜ？

ワンポイント解説　Really? の後ろには5W1Hはどれでも使える。Really? Where? / Really? How? / Really? Who? / Really? What? などと聞き返すと、いろいろと会話が弾むよね。

会話を発展させるノック Really? When?

ノック コーチ ▶ ▶ ▶ ▶ ▶ **リターン あなた** CD2 Track 16

666

I saw you on the train.
私、電車であなたを見ちゃった。

→ **Really? When?**
本当に!? いつ？

667

I will be on the news.
私、ニュースに出るよ。

→ **Really? When?**
本当に!? いつ？

668

There's a nice jazz festival in Canada.
カナダでいいジャズフェスティバルがあるんだ。

→ **Really? When?**
本当に!? いつ？

669

I painted this picture.
私がこの絵を描きました。

→ **Really? When?**
本当ですか？ いつですか？

670

I've been to New York before.
以前、ニューヨークに行ったことがあります。

→ **Really? When?**
本当ですか!? いつですか？

ワンポイント解説 Tell me about it.「話を聞かせてください」も会話をはずませるには便利な表現。670の場合はWhy?だけでも返してもOK。さまざまな会話のふくらませ方を覚えよう。

2級 基本文法と表現

Unit 52 …not that… (そんなに〜ではありません)

コーチからのアドバイス

「あまり〜でない」「そんなに〜ではない」の基本表現には not + [very / so / that / really] の４つがあるが、それぞれに大きな違いはない。しかし、広く使われているのは not that と not really のふたつ。前者のほうが発音しやすいので、ここでは not that を練習しよう。例えば「あまり大きくない」は It's not that big.、「そんなに違っていない」は It's not that different.。主語に注意してね。

ノック コーチ ▶ ▶ ▶ ▶ ▶ リターン あなた　CD2 Track 17

671
それはあまり難しくない。
→ **It's not that difficult.**

672
今日はそんなに寒くない。
→ **It's not that cold today**
＊Today is からでも OK だが、普段は It を主語にして文末に時間を表す語句をおく。

673
日本食はあまりスパイシーではない。
→ **Japanese food is not that spicy.**

674
私の携帯、そんなに新しくないよ。
→ **My cell phone's not that new.**

675
私のマンションはあまり広くないですよ。
→ **My apartment isn't that big.**
＊apartment は豪邸で、日本語のアパートとは感覚が違う。「マンション」は condminium がよい。

ワンポイント解説　ここで not that だけでなく、英語の鉄則「主語」の感覚も身につけよう。日本語ではいちいち「それは」を言わないから、ここで自分の頭の中で英訳する時に主語を入れるように、しおりチェックで自習して、CD で完全マスターしてね。

...not that... 過去形

Track 18

676
彼のスピーチはそんなに面白くなかった。

His speech wasn't that intereting.

＊「つまんない」を婉曲的に言いたいときにはこのような言い方もできる。

677
遊園地はそんなに混んでなかったよ。

The amusement park wasn't that crowded.

678
試験はそんなに難しくなかった。

The test wasn't that difficult.

679
晴れてたから、そんなに寒くなかった。

It was sunny so it wasn't that cold.

680
（値段が）高かったけど、あまりおいしくなかった。

It was expensive, but it wasn't that good.

＊ delicious は「とてもおいしい」、good は「おいしい」。

2級 基本文法と表現

Unit 52 ...not such a... (そんなに〜ではありません)

コーチからのアドバイス

先ほどの「そんなに[+形容詞]ではない」は not that で OK だが、「そんなに〜な[+名詞]ではない」は not such a... になる。例えば、It's not such a famous song.。つまり、「not such a +形容詞+名詞」だね。

ノック コーチ ▶ リターン あなた CD2 Track 19

681
彼はそんなに有名なコメディアンではない。
→ He's not such a famous comedian.
＊ not such a の代わりに not a very でもよい。言いなれているほうでよいが not と very の間に a を忘れずに。

682
彼女はそんなに悪い先生じゃない。
→ She's not such a bad teacher.
＊ not such a の発音ヒントは [ナサチャ]。

683
日本はそんなに小さい国ではない。
→ Japan's not such a small country.

684
それはそんなに大きな問題じゃない。
→ It's not such a big problem.

685
私、そんなに大食いじゃないって。
→ I'm not such a big eater.

ワンポイント解説 断るときなどに使う表現 It's not a good idea. (→ p.154) も not such a を使って「あまりいい案ではない」It's *not such a* good idea. とすると、もっとソフトな言い方になる。

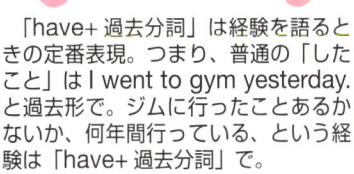

Unit 53 Have you ever...? (〜したことがありますか？)

コーチからのアドバイス

「have+ 過去分詞」は経験を語るときの定番表現。つまり、普通の「したこと」は I went to gym yesterday. と過去形で。ジムに行ったことあるかないか、何年間行っている、という経験は「have+ 過去分詞」で。

ノック コーチ ▶▶▶▶▶ リターン あなた CD2 Track 20

686
奈良に行ったことある？
➡ **Have you ever been to Nara?**

687
落語を見たことある？
➡ **Have you ever seen a *rakugo* performance?**

688
日本でサクラを見たことがありますか？
➡ **Have you ever seen the cherry blossoms in Japan?**

689
お刺身を食べたことある？
➡ **Have you ever eaten *sashimi*?**

＊ Have you ever eaten...? もよく使うが、tried の過去分詞は経験を聞くのにとても便利。下記690も参照。

690
剣道をやってみたことある？
➡ **Have you ever tried *kendo*?**

Unit 54 I've... （〜したことがあります）

コーチからのアドバイス

「〜したことがある」は「I've ＋ 過去分詞」を使ってリターンしていこう。「〜を食べたことがある」は I've eaten...。「〜へ行ったことがある」は have been to... を用いて I've been to Italy. などと言う。

ノック コーチ ▶ ▶ ▶ ▶ リターン あなた　Track 21

691

イタリアに３回行ったことがあるよ。 → **I've been to Italy three times.**

＊I have とフルでは言わないで、I've とくっつけて発音するのが普通。

692

彼の家には一度行ったことがあります。 → **I've been to his house once.**

693

日本はワールドカップに出場したことがあります。 → **Japan's been to the World Cup.**

694

彼女には何度も話したことがあります。 → **I've talked to her many times.**

695

私は約 70% 終わったよ。 → **I've finished about 70%.**

ワンポイント解説　「〜したことがある」と言うときに ever を入れて、「I've ever ＋ 過去分詞」とするのは間違い。ever は疑問文のときだけ。

I've been... (for... years) ([～年間] ～しています)

I've been living in...

ノック コーチ ▶ ▶ ▶   リターン あなた   CD2 Track 22

696
私はテニスを17年間やっています。
→ **I've been playing tennis for 17 years.**

697
私はこのマンションにもう5年住んでいます。
→ **I've been living in this apartment for five years.**
＊ここはbeen stayingとは言わない（ホテル滞在にきこえるから）。

698
私は英語を10年くらい勉強しています。
→ **I've been studying English for about 10 years.**

699
僕は彼女いない歴5年です。
→ **I've been without a girlfriend for five years.**

700
この会社に勤めて20年になります。
→ **I've been in this company for 20 years.**
＊699、700はbeen -ingではなくbeen + without a girlfriend / in this companyなどの状態を表すフレーズで表現している。

ワンポイント解説 何かを得意だと直接的に言いにくい場合、696や698のように「～年間」などという具体的な期間を表す数字をつけて「ずっと～をやっている」と暗に得意であることを伝えることができるので便利。

Unit 55 I've never... (〜したことがありません)

コーチからのアドバイス

「have+ 過去分詞」の項目で扱う最後の表現は、I've never... で「一度も〜したことがない」。I've と過去分詞の間に not ではなく never を入れる。この文には文末にはよく before「前に」をつける。

Track 23

701
東京タワーに行ったことがない。
→ **I've never been to Tokyo Tower.**
＊「行ったことがある」では go の過去分詞 gone よりも been を使うのが一般的。

702
カラオケに行ったことがない。
→ **I've never been to *karaoke*.**
＊ I've never tried... も言える。

703
ハワイの料理を食べたことがない。
→ **I've never eaten Hawaiian food.**

704
あなたに嘘をついたことはないよ。
→ **I've never lied to you.**

705
あなたみたいな人には会ったことがない。
→ **I've never met anyone like you.**

ワンポイント解説 これで2級では合計4つの「have+ 過去分詞」の定番表現を覚えた。4級 (p.70-71) で学習した「まだ〜していない」(例：I haven't finished this yet.) を加えると、全部で5通りの「have+ 過去分詞」の定番表現を覚えたことになるね。

Unit 56 I have to... (〜しなくちゃ)

コーチからのアドバイス

この have to も定番に欠かせない表現。「私〜しなくちゃ」と言いたいときには、must ではなくて have to を使うのが一般的。have to は会話やメールの中でオールマイティに使える表現だ。

ノック コーチ ▶ ▶ ▶ ▶ ▶ **リターン** あなた　CD2 Track 24

706
もっと練習しなくちゃ。
→ **I have to practice more.**

707
新しい手袋を買わなくちゃ。
→ **I have to buy some new gloves.**
＊「買う」には get もよく使う。言いなれているほうでどうぞ！

708
これを今日終わらせなきゃ。
→ **I have to finish this today.**

709
ごめんなさい。今帰らないといけません。
→ **I'm sorry. I have to go home now.**

710
もう寝ないと。
→ **I have to go to sleep.**
＊ have to sleep と言うよりも、go to sleep、または go to bed が一般的。

Unit 56 don't have to... （〜しなくてもいいよ）

コーチからのアドバイス

have to の否定文。You don't have to... と We don't have to... のふたつの場合がある。フレキシブルに使い分けてね。でもあんまり You don't have to worry about it.（気にしなくてもいいよ）。

ノック コーチ ▶▶▶▶▶ リターン あなた　CD2 Track 25

711
それ、食べなくてもいいよ。
→ You don't have to eat that.

712
チップを置く必要はありません。
→ You don't have to leave a tip.

713
私たちは今チェックインしなくても大丈夫です。
→ We don't have to check in now.

714
私たちは12時までチェックアウトしなくていい。
→ We don't have to check out until 12.

715
靴を脱がなくてもいいんだよ。
→ You don't have to take off your shoes.

Do we have to...? （〜しなくてはいけませんか？）

Do you have to go to the bathroom?

Yes, yes!

ノック コーチ ▶ ▶ ▶ ▶　**リターン** あなた　CD2 Track 26

716

明日の朝、早く起きないといけないの？
→ **Do we have to get up early tomorrow?**

717

明日、何時に起きないといけないの？
→ **What time do we have to get up tomorrow?**

718

今、行かないとダメですか？
→ **Do we have to go now?**

719

次はどこへ行かないといけないの？
→ **Where do we have to go next?**

720

トイレに行かなくても平気？
→ **Do you have to go to the bathroom?**

＊直訳すると「トイレに行かないといけませんか？」だが、自然な日本語と英語をリンクしよう。

ワンポイント解説　「Do we / you have to ＋ 動詞？」は「〜しないといけませんか？」。ルールを確認するときなどに「〜をすることになっているんですか？」というニュアンスで使えるので便利。

Speed Quiz — How about you?

Track 27

#	Questions	Answers
721	**How are you doing?** どんな調子ですか？	※ Good, thanks. And you?
722	**May I start now?** 始めてもいいかな？	※ Sure. Go ahead.
723	**May I ask some questions?** 質問してもいいですか？	※ Sure. Go ahead.
724	**I live near Shibuya. How about you?** 私は渋谷に住んでいます。あなたは？	※ I live near…
725	**Sorry?** もう一度お願いします。	※ I live near…
726	**I live in an apartment. How about you?** 私はマンションに住んでいます。あなたは？	※ I live in…
727	**I've been living in my apartment for about two years. How about you?** 私はマンションに2年間住んでいます。あなたは？	※ I've been living…
728	**I'm around 40 years old. How about you?** 私は40代ですが、あなたはどうですか？	※ I'm around… / Me too.
729	**Have you ever been to Europe?** ヨーロッパに行ったことはありますか？	※ Yeah. / No. / Just once. / Many times.
730	**How about the Middle East?** 中東はどうですか？	※ Yeah. / No. / Just once. / Many times.

※は回答例です。参考にして自分の答えを記入してください。

では2級で覚えた表現などを使って Speed Quiz にチャレンジ。ここではあなたの経験や状況についていろいろと質問していくよ。「have +過去分詞」（〜したことがある）や Sure. Go ahead. / Me too. / Me niether. などの表現を使って答えてみてね。

	Questions	Answers
731	How about Hawaii? ハワイは？	※ Yeah. I've been two times. / No, I haven't.
732	Where have you been recently? 最近はどこかへ行きましたか？	※ Yeah. I've been to Okinawa. / Paris. / Nowhere.
733	Sorry? もう一度お願いします。	※ I've been to Okinawa recently.
734	Where do you want to go next? 次はどこへ行きたいですか？	※ Korea.
735	Have you ever eaten Vietnamese food? ベトナムの料理って食べたことありますか？	※ Yeah. / I don't remember.
736	735のやりとりの続きとして How about food from Ethiopia? エチオピアの料理はどうですか？	※ Yeah. I have before. / No. I haven't.
737	What kind of food do you like? あなたはどんな料理が好きですか？	※ Japanese food. / Italian food.
738	Fall is my favorite season. How about you? 秋がいちばん好きな季節です。あなたは？	※ Me too. / Well, I like winter.
739	I love the fall foods. How about you? 私、秋の味覚って大好き。あなたは？	※ Me too. / I like the winter foods.
740	I've gotten so hungry. How about you?. すっごくお腹すいていきちゃった。あなたは？	※ Me too. / Not really.

次の Speed Quiz に
Let's GO!

Speed Quiz — English words

Questions	Answers
741 What is the opposite of "fast"?	Slow. ⇒速いの反対は？
742 What is the opposite of "weak"?	Strong. ⇒弱いの反対は？
743 What is the opposite of "right"?	Left. ⇒右の反対は？
744 How do you spell book?	B-O-O-K. ⇒book のスペルは？
745 How do you spell water?	W-A-T-E-R. ⇒water のスペルは？
746 How do you spell your first name?	S-A-T-O-S-H-I. ⇒あなたの名前のスペルは？
747 What is the number after three?	Four. ⇒3の次に来る数字は？
748 What is three plus two?	Five. ⇒3＋2は？
749 What is the day after Monday?	Tuesday. ⇒月曜日の次は何曜日？
750 What is the month after July?	August. ⇒7月の次は何月？

> ここでは簡単なクイズにテンポよく答えよう。何を聞かれているのか、質問文の内容をしっかり確認してから、しおりで答えを隠して言い返す練習をしてみよう。なお、stand for... は「(略語などが)〜を表している」という意味だよ。

	Questions	Answers
751	What do you call your mother's mom?	Grandmother. ⇒母親の母親のことは何と呼びますか？
752	What do you call your mother's brother?	Uncle. ⇒母親の兄弟のことは何と呼びますか？
753	What do you call your mother's brother's son?	Nephew. ⇒母親の兄弟の息子は何と呼びますか？
754	What does UK stand for?	United Kingdom. ⇒UKは何の略でしょう？
755	What does PC stand for?	Personal Computer. ⇒PCは何の略でしょう？
756	What does the word U.S.A. stand for?	The United States of America. ⇒U.S.A.は何の略でしょう？
757	What does the word DIY stand for?	Do it yourself. ⇒DIYは何の略でしょう？
758	What "knock" number is this?	Number 758. ⇒この問題は何番でしょう？
759	What's the name of this book?	*1000 Bon Knock Nyuumon-Hen.* ⇒この本のタイトルは何でしたっけ？
760	About how many more to go until you finish 1000 "knocks"?	About 240 "knocks". ⇒1000本が終わるまであと何ノックくらいですか？

2級 仕上げMIX 基本応対

Track 29

ノック	リターン
761 How're you doing? 仕事はどう？	Good. Thanks, and you? 調子いいよ。ありがとう。あなたは？
762 How's everything? 順調にいっていますか？	Good. Thanks, and you? 順調ですよ。ありがとう、あなたはどうですか？
763 What's new? なにか変わったことはありますか？	Not much, and you? そんなにないですね。あなたは？
764 What's up? どうだい？	Not much, and you? 特には。あなたは？ ＊ Nothing special.（特に／別に）もよく使う。
765 I've been busy recently. 最近忙しい。	Me too. 私もだよ。
766 I don't have enough free time recently. 最近、自由な時間がないんだよ。	Me neither. 私もないよ。
767 My shoulders are stiff. 肩がこっている。	Mine too. 私も。
768 I've never lived abroad. 私は海外に住んだことがありません。	Me neither. 私もないよ。
769 I want to visit Europe someday soon. 近いうちにヨーロッパに行きたいです。	Me too. 私も行きたい。
770 I can't speak French, German or Italian. 私はフランス語、ドイツ語、イタリア語が話せません。	Me neither. 私も話せない。

> 2級の基本応対では実際の会話でよく使うフレーズがいっぱいでてきたね。回答例は参考程度にして、それぞれ自分にあった答えを返してみよう。しおりを使った学習では、2分以内に20問リターンすることを目標にしていこう。

ノック	リターン
771 My English is improving. 英語がよくなってきたよ。	Mine too. 私も。
772 Your taxi will be here at 4:30. タクシーはここに4時30分に来ますので。	4:30. Thanks. 4時30分ですね。ありがとうございます。
773 The deadline is Friday, five pm. 締め切りは金曜日の午後5時ですよ。	Friday, five pm. Thanks. 金曜日の午後5時ですね。ありがとうございます。
774 My mom gave me a Ouija board for my birthday. 母親が私の誕生日に Ouija board をくれました。	Ouija board? What's that? Ouija board? それは何ですか？ * Ouija board ⇒ 心霊術で使われる占いの仕掛け板。
775 To go home last night, it took six hours. 昨夜、家に帰り着くのに6時間かかったよ。	Really? Why? 本当に？ なぜ？
776 Have you ever tried Red Bull? Red Bull って試してみたことある？	Red Bull? What's that? Red Bull？ それって何？ * Red Bull ⇒ タイで開発されたスタミナドリンク。
777 Do you have a Q-tip? Q-tip をお持ちですか？	Q-tip? What's that? Q-tip？ それって何ですか？ * Q-tip ⇒ 綿棒
778 I think I saw you near Osaka Station. あなたのこと大阪駅で見た気がする。	Really? When? 本当に？ いつ？
779 I've lived in Singapore for about five years. 私はシンガポールに5年くらい住んでいました。	Really? When? 本当に？ いつ？
780 I threw water in my boss' face. 上司の顔に水をぶちまけてやったよ。	Really? Why? 本当に？ 何で？

次の仕上げ MIX に **Let's GO!**

仕上げ MIX　基本文法と表現

Track 30

ノック	リターン
781 ベストを尽くさなきゃ。	I have to do my best.
782 私たち、そろそろ始めないと。	We have to start now.
783 私、まだ会社に行かなくてもいいの。	I don't have to go to my office yet.
784 私は、東京タワーに行ったことがありません。	I've never been to Tokyo Tower.
785 そこ、3回も行ったことある。	I've been there three times.
786 東京タワーに今日行かなくてもいいんだよ。	We don't have to go to Tokyo Tower today.
787 この映画はもう見ましたか？	Have you seen this movie already?
788 この映画は以前見たことがあるよ。	I've seen this movie before.
789 私たちはこの映画を見ないといけないの？	Do we have to watch this movie?
790 あなたはハワイの料理を食べたことある？	Have you ever eaten Hawaiian food?

> **コーチからのアドバイス**
>
> 基本文法と表現の仕上げでは、自分が日本語で言う感覚で英語が出てくるようになるまで練習しよう。ひとつのノックに複数の答え方が考えられるけれども、回答例を参考にして、自分なりの回答を作ってほしい。最後はCDのスピードに合わせて8割くらいをリターンできるように。

ノック	リターン
791 私はお刺身を食べたことがない。	I've never eaten *sashimi*.
792 私はそんなに大食いじゃないよ。	I'm not such a big eater.
793 私は以前パラオに行ったことあるよ。	I've been to Palau before.
794 私は一度もパラオに行ったことがない。	I've never been to Palau.
795 パラオは日本からそんなに遠くないよ。	Palau's not that far from Japan.
796 メキシコは日本からそんなに近くない。	Mexico's not that close to Japan.
797 社長の家はそんなに大きくないよ。	The president's house is not that big.
798 私の携帯、そんなに新しくないよ。	My cell phone's not that new.
799 このカレーはそんなに辛くないですね。	This curry is not that hot.
800 まだそんなに疲れてないよ。	I'm not that tired yet.

次は1級に**チャレンジ**！

1級

とうとう最終ステージまでやって来たね。いまから最後の1級のノックを打っていくよ！　ここまで来れたということは、英会話のコツだけではなく、英語を発信する経験と鍛えられた会話マインド、つまり、特訓の大変さに負けずに続ける忍耐力が築けたはず。1000本到達まであと少し。最後までがんばれー！

1000本ノックは英語の山！

　You made it to level one!　You are tough!　"tough" というのは「丈夫」という意味。ここで「丈夫な＝タフな英会話力」ということをイメージしてほしい。それには3つの意味がある。
　①わからないことを聞き返すノウハウと聞き返す勇気があること
　②ノーマルスピードで会話の応対に耐えられること
　③内容のある英会話がずっと続くのに耐えられること
　そのために1000本の英会話ノックをやりとげようとしているわけだ。「タフさ」って目に見えない気持ち的なものだよね。
　さて、1級はどんな「タフさ」を試されるのか。この入門編は「だんだん難しくなる」ことが目的ではではないのでご安心を。本書は「Mountain型構成」で、山のように最初はハードな uphill（上り坂）だけれども、最後はそれまでに積み上げたノウハウと経験でスイスイと downhill（下り坂）の感覚で進められるようにできている。何気なくこなしてきた特訓で「タフな英会話力」が身についているはず。You've grown! Your English conversation skills have gotten "tough".
　この1級では、ちょっと親しい人に言う言葉や、まったく知らない人や初対面の人に向けた会話より、もっと日常的な感覚で使う頻度が高いフレーズや、テクニックをマスターしていこう。

レベルアップ 応対	レベルアップ 文法と表現	Speed Quiz	仕上げ MIX
60 ノック	**80** ノック	**20** ノック	**40** ノック

1級 レベルアップ応対

Unit 57 Congratulations!（おめでとう！）

コーチからのアドバイス

記念すべきことのお祝いにかける言葉は Congratulations!。単なる「よかったね」ではなくて、日本語の「おめでとう」と同じように相手に心からお祝いを伝える表現。ぜひスラッと言えるようにしたいね。

→しおり

ノック　コーチ　▶▶▶▶▶　リターン　あなた　CD2 Track 31

801
It's my birthday tomorrow.
明日は私の誕生日なの。

→ Congratulations!
おめでとう。

＊英語のgrは[グ]を強く発音しないのがコツ。brの[ブ]、prの[プ]なども同じく。

802
It's our wedding anniversary today.
明日は私たちの結婚記念日なんだ。

→ Congratulations!
おめでとう。

803
I finished my master's degree.
大学院を卒業しました。

→ Congratulations!
おめでとう。

804
My book became number two in the rankings.
私の本はランキングで2位になりました。

→ Congratulations!
おめでとう。

805
My son finally got into Asia University.
息子がアジア大学にやっと入学したよ。

→ Congratulations!
おめでとう。

Unit 58 Good for you. (えらいですね！／よかったですね！)

ノック コーチ ▶ ▶ ▶ ▶ ▶ **リターン あなた**　CD2 Track 32

806 I finished everything before my summer vacation.
夏休みの前に全部片付けたよ。

➡ **Good for you.**
えらい！
＊発音ヒント。[グッフォーユー]のようにくっつけて言う。

807 I wrote a letter to the mayor about the noise.
騒音について市長に苦情の手紙を書きました。

➡ **Good for you.**
えらいよ。
＊「えらい」というのは Well done. や That a boy / girl. があるが、Good for you. が日本語の感覚では一番ぴったり使える。

808 He got out of the hospital.
彼は退院しました。

➡ **Good for him.**
それはよかった。

809 She broke up with her mean boyfriend.
彼女は意地悪な彼氏と別れたんだよ。

➡ **Good for her.**
よかった。

810 Japan has accepted a lot of refugees this year.
日本は今年、多くの難民を受け入れました。

➡ **Good for Japan.**
いいことだ。

ワンポイント解説 Good for... には you 以外に her / him などを入れ替えて使える。しかし「やった！」と言いたいときに、Good for me. としてしまうと自分のことをえらいとほめてしまうので、あまり使わない。「やった！」は I did it! または YES! で。

Unit 59 ていねいに断る Well, that's not a good idea.

コーチからのアドバイス

「ちょっとマズイかも……」と言いたいときにぴったりの That's not a good idea. の使い方をマスターしよう。ソフトに伝えるためには、Well... のワンクッションが便利。相手に No. と婉曲かつていねいに言えることが、アドバンス系の会話。相手にやめてほしいときに口にしがちな「ノーノーノー」は卒業しようね。

ノック コーチ ▶▶▶▶▶ リターン あなた CD2 Track 33

811
May I see your room?
あなたの家の中、見てもいい？

Well... that's not a good idea.
いや、やめておこう。

812
I'll come to your office now.
今、あなたの会社に行きますね。

Well... that's not a good idea.
いや、今はよくないな。

813
Is it OK if I don't take off my shoes?
靴は脱がなくてもいいですか？

Well... that's not a good idea.
いや、それはよくないよ。

814
Is it OK if I ask for a discount here?
ここで値引きをお願いしても平気かな？

Well... that's not a good idea.
いや、それはよくないよ。

815
Can I hold your baby?
私が赤ちゃんを抱いてもいい？

Well... that's not a good idea.
うーん、やめておこう。

ワンポイント解説 さらにソフトにするには「あまりよくない」That's not a very good idea. か Unit 52（→p.132）で習った That's not such a good idea. でも OK。

Unit 60 Please don't. (やめてください)

Track 34

816

I'll pay for this.
私が払いますよ。

Please don't.
そんな、よしてください。

817

There's your mom. Let's say "hello."
あなたのお母さんがいる。あいさつしようっと。

Please don't.
やめて。

818

Let's open this.
これ開けてみようよ。

Please don't.
やめて。

819

May I take a picture of that?
その写真を撮ってもいいですか？

Please don't.
やめてください。

820

I want to pet your dog. Hi, doggie.
あなたの犬をなでたいな。ワンちゃん、こんにちは。

Please don't.
やめてください。

ワンポイント解説 Please don't. ははっきりと断りたいときに使う言葉。強い断り方ではあるが、「すみませんが、やめてくれませんか？」という相手に嫌な思いをさせないようなソフトなニュアンスになっている。

Unit 61 Oh, please!（かんべんして！）

コーチからのアドバイス

今度はおしゃべりの中で「そんなことないよ」と、冗談っぽく「いいかげんにしなさいよ」というレベルアップ応対表現の Oh, please!。表現そのものは難しくないが、イントネーションや言い方が重要。

ノック　コーチ　▶▶▶▶▶　リターン　あなた　CD2 Track 35

821 You have the most beautiful smile in the world.
あなたの笑顔は世界で一番美しいですよ。

→ Oh, please!
かんべんしてよ。
＊こんなお世辞には、他にも「そんなのお世辞でしょ」You are too kind. も使える。

822 This is love at first sight.
これはひとめぼれなんですよ。

→ Oh, please!
やめてよ。
＊発音ヒントは［オプリーーズ］と［リ］をのばす。これは Hi. と反対に、のばし気味で言ったほうが正しく伝わる。

823 The manual said we can't do it.
マニュアルによると、それはできないって。

→ Oh, please!
そんな！

824 I don't have anything to wear!
着るものが何もない！

→ Oh, please!
まさか、いい加減にしてよ。

825 My country has the best food in the world.
私の国は世界一の食べ物があります。

→ Oh, please!
そんな……かんべんしてよ。

ワンポイント解説　あいさつや短い応対表現ではイントネーションが重要だが、何かを説明するときの文章にイントネーションやアクセントは余計な悩み。説明の「芯」はイントネーションではなく、英文の中身（複数の文の連続性）ですからね。

Unit 62 It's up to you. (あなたのいいように)

It's up to you.

コーチからのアドバイス
英語だからといって意見を主張しないといけなわけではない。例えば、「どうしたらいいかな」という時に「どちらでもいいです」「あなたのいいように」という気持ちであればそのままを伝えよう。

ノック コーチ ▶▶▶▶▶ リターン あなた　CD2 Track 36

826
Do you want to take a taxi or walk?
タクシーにする、それとも歩く？

It's up to you.
あなた次第よ。
＊発音ヒントは [イツァップテユ]。

827
Should we go in?
中に入ったほうがいいですか？

It's up to you.
お好きなように。

828
What do you want to do tonight?
今晩したいことある？

It's up to you.
お好きなように。
＊ It depends on you. もあるが、これは「そっちの問題でしょ」とけんかごしのニュアンスもあるので It's up to you. で。

829
What would you like for dinner?
夕食は何がいい？

It's up to you.
あなたが決めていいよ。

830
What time should we meet?
何時に待ち合わせしましょうか？

It's up to you.
あなたに任せるよ。

ワンポイント解説 Either one is OK with me.「（私には）どちらでもいいですよ」は、It's up to you. に似た便利な表現。特に選択肢があるときに答えるフレーズ。

Unit 63 Don't worry about it. (気にしないで)

コーチからのアドバイス

「気にしないで」にぴったりなのはこれ。Don't worry. で止めてしまわないように注意。命令口調で「そんなの心配しすぎ」というニュアンスになってしまう。もっと軽く「いいのよ」という時は That's OK. で。

CD2 Track 37

831
Oh, no! I forgot your birthday again.
やだ、またあなたの誕生日忘れていました。

→ **Don't worry about it.**
いいよ、いいよ。
＊発音ヒントは [ドンワリアバテ]。

832
Oh! I forgot your CD again! Sorry!
あなたに借りたCDまた忘れてちゃった。ごめんね。

→ **Don't worry about it.**
大丈夫だよ。

833
I feel bad that I don't speak any Japanese.
日本語がまったく話せなくて、申し訳ないです。

→ **Don't worry about it.**
平気ですよ。

834
We should have taken the train. Sorry we're late.
電車にすればよかった。遅れてすみません。

→ **Don't worry about it.**
大丈夫だよ。

835
Hi. Ahh ah-uh… I'm sorry I forgot your name again.
どうも。ア、ウ……、ごめんなさい。また名前を忘れてしまいました。

→ **Don't worry about it.**
大丈夫ですよ。

ワンポイント解説 「全然気にしない」の「全然」（文末に at all）は、Don't worry about it at all. のように、文末につければ、この応対フレーズにもばっちり合う。Unit 7（→ p.29）で確認してみよう。

That's OK. (気にしないで)

> **コーチからのアドバイス**
> 同じような意味の決まり文句でも状況に合わせて使い分けられると便利。例えばエレベーターでちょっと体がぶつかってしまった時には、Don't worry about it. より軽いニュアンスの That's OK. が適切。

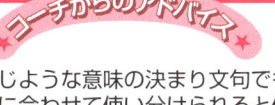

ノック コーチ ▶▶▶▶▶ **リターン あなた** CD2 Track 38

836
Woops! Sorry.
おっと、ごめんなさい。

➡ **That's OK.**
いえ。いいですよ

837
Sorry. I'm a little late.
ごめんなさい。少し遅れてしまいました。

➡ **That's OK.**
気にしなくていいよ。

838
Oh! Were you sitting here? Sorry.
あら、あなたがここに座っていたのですか？ごめんなさいね。

➡ **That's OK.**
いえ、大丈夫ですよ。

839
Oh, no! I drank your tea! Sorry!
おっと、あなたの紅茶飲んじゃった。ごめん。

➡ **That's OK.**
いえ、いいよ。

840
Oh! I sat on your coat. Sorry.
あれ、あなたの上着の上に座ってしまいました。

➡ **That's OK.**
大丈夫ですよ。

ワンポイント解説 That's OK. も It's OK. も意味は同じだが、That's OK. のほうがさまざまなシチュエーションで幅広く使われている。

Unit 64 スポーツのときのやりとり

1級 レベルアップ応対

コーチからのアドバイス
スポーツ交流は友だち作りの大切な手段。スポーツの最中や終わった時のやりとりを知っておきたい。これは単なる会話のためではなく、マナーでもある。最初の5ノックはお互いに言い合うフレーズ。

→しおり

ノック コーチ ▶▶▶▶▶	リターン あなた　CD2 Track 39
841 試合最中に **Good point.** いいラリーだ。	**Good point.** いいラリーだね。 ＊試合最中に使う。テニスやスカッシュなどのいいラリーの後にお互いに言う。
842 試合最中に **Good rally.** いいラリーだね。	**Yeah. Good rally.** はい、いいラリーになってますね。 ＊テニスなどで何往復を繰り返した言いラリーのあとによく言う。上と同じだが、上のほうが広く使う。
843 試合終了後に **Good game.** いい試合だった。	**Good game.** いい試合だったね。 ＊試合が決まった後すぐに言う。
844 試合終了後に **Well played.** よくがんばった。	**Well played.** がんばったね。 ＊Good game. のほうが広く使われているが、イギリスでは Well played. が主流。
845 試合終了後に **Thank you.** ありがとう。	**Thank YOU.** こちらこそ。 ＊イントネーションは CD で確認してね。

ノック コーチ	リターン あなた
846 **Nice shot!** ナイスショット！	**Thanks.** ありがとう。 ＊遠慮しているニュアンスを出したいときは、I got lucky.「まぐれですよ」がいい。
847 **Nice hustle!** いい動きだね。	**Thanks.** ありがとう。 ＊上のイラストのように、野球などでヒットを打った場合には Nice hit! を使う。
848 **Good try.** よくやった。	**Thanks.** ありがとう。
849 **Oh, almost.** 惜しかったですね。	**Oh, well.** まあ、仕方ないね。 ＊「ほんと、惜しかった！」とリターンしたいときは、Yeah. That was close.。close の発音ヒントは［クロース］。
850 **Oh, unlucky.** ついてないね。	**Oh, well.** まあ、仕方ないか。

ワンポイント解説 Oh, well. のイントネーションを CD で聞いて確認してみよう。

Unit 65 Do you remember...? (覚えてますか？)

コーチからのアドバイス

このDo you remember...? は話をスムーズに切り出すのに便利な表現。たとえば、「えー、先週の会議の話ですが……」には Do you remember last week's meeting? とアプローチ表現するといい。また、何か案内する時には、相手がどこまで覚えているか、Do you remember...? を用いて、ステップ・バイ・ステップで確認しよう。

851
私の家の近くの駅を覚えてる？
→ **Do you remember the station near my house?**

852
私の家の近くのコンビニ覚えてる？
→ **Do you remember the convenience store near my house?**

853
伊藤さんを覚えていますか？
→ **Do you remember Mr. Ito?**

854
保険会社の女の人、覚えてる？
→ **Do you remember the woman from the insurance company?**

855
私たちの約束を覚えていますか？
→ **Do you remember our promise?**

ワンポイント解説 僕が小さい頃、母によくこのように注意された。"Stephen, do you remember our conversation about turning off the lights?"「スティーブン、電気を消すって約束したの覚えてる？」。

Build Up 作文

Do you remember...? の内容を後ろにつなげて作ってみよう。

CD2 Track 41

856 覚えてる？ ＜コーチ＞
→しおり

Do you remember? ＜あなた＞

857 男の人を覚えてる？

Do you remember **the man**?

858 おじいさんを覚えてる？

Do you remember the **old** man?

859 面白い声のおじいさんを覚えてる？

Do you remember the old man **with a funny voice**?

860 オウムのような面白い声のおじいさんを覚えてる？

Do you remember the old man with a funny voice **like a parrot**?

最後にフルセンテンスをもう1回どうぞ

1級 レベルアップ文法と表現

Unit 66 Let me... (〜させてください)

コーチからのアドバイス

Let me... は直訳すると「〜させて」だけれども、ていねいなもてなし表現や時間稼ぎの表現にもなる。特に便利なのは Let me check.。直訳だと「調べさせて」だが、本当の意味合いとしては「では、調べておきますね」。

CD2 Track 42

コーチ： メニューを確認[させて]。

861	862	863	864	865
メニューを確認	友だちに確認	メールチェックする	(今日)ごちそうする	先にこれをやる

しおり

あなた：Let me 〜させて？

861
check the menu.
メニューを確認させて。

862
check with my friend.
友だちに確認しておきますね。

863
check my e-mail.
メールチェックさせて。

864
pay today.
今日はごちそうさせて。

865
do this first.
先にこれやっておきますね。

ワンポイント解説 Let me... を用いた定番表現は次のふたつ。①あいづちとして使う「そうですね」Let me see. ②「ではわかったら教えてね」Let me know.（メールで便利）。

Unit 67 I'll... (〜しておきます)

> **コーチからのアドバイス**
> I'll... と Let me... は似ている表現。Let me check. と I'll check. はほぼ同じだが、「I'll+ 動詞」は will を未来形だとは考えずに「〜しておきますね」という日本語の感覚で考えたほうが使いやすい。

866

すぐ戻るね。 → **I'll be right back.**

867

10分で戻ります。 → **I'll be back in 10 minutes.**
* in は「〜以内」という意味。after を入れてしまうと10分後のいつ戻ってくるかわからないので使わないように。

868

最後にやるね。 → **I'll go last.**
* go は「行く」だけでなく、何かを「する」という表現にもよく使われる。

869

最初にやるね。 → **I'll go first.**

870

見るだけにしておくね。 → **I'll just watch.**

1級 レベルアップ文法と表現

Unit 68 I wish I had... (〜があったらいいのに)

コーチからのアドバイス

I wish I had... は「後悔している」ニュアンスが強いように思われるが、日本語の「〜があったらいいのに」の感覚のまま、ささいな個人の思いや願いを表すのにぴったり。右ページの hope との違いを比べてみてね。

🔖しおり

ノック コーチ ▶ ▶ ▶　リターン あなた　CD2 Track 44

871

犬がいたらいいな。 → **I wish I had a dog.**

872

傘があればいいのに。 → **I wish I had an umbrella.**

873

あの先生だったらよかったな。 → **I wish I had that teacher.**

874

もっとお金があったらいいな。 → **I wish I had more money.**

875

もっと自由な時間があったらいいな。 → **I wish I had more free time.**

Unit 69 I hope I can... (〜できるといいな)

コーチからのアドバイス

I hope I can... には、ポジティブに「〜だといいね」と、「〜できるかな」のふたつのニュアンスがある。I don't know if I can do it.「できるかな」はとても自信がない様子だが、I hope... は「とりあえずやってみる」というプラス思考の表現。

I hope I can remember everyone's name.

Track 45

876
行けたらいいんだけど。 → I hope I can go.

877
覚えてられるといいんだけど。 → I hope I can remember.

878
全員の名前が覚えられるといいな。 → I hope I can remember everyone's name.

879
見つけられるといいな。 → I hope I can find it.

880
ご了承ください。 → I hope you can understand.

Unit 70 I should... (〜したほうがいい)

> shouldは「〜すべき」と訳しがちだが、日本語の「すべき」は日常的な表現ではない。これに対して英語のshouldは「〜したほうがよい」というニュアンスで頻繁に使われる。例えば、「これ捨てたほうがいい？」にはshouldがぴったり。英会話を上達させたい人は、自然な日本語も意識してほしい。まず使いたい日本語を考えて、それを英語でどう言うかを考えてみては？ 受験英語とはベクトルが正反対だね。

881 もっと練習したほうがいい。 → **I should practice more.**

882 もっと練習するべきかしら？ → **Should I practice more?**

883 これは捨てたほうがいいね。 → **I should throw this away.**

884 これは捨てたほうがいいかな？ → **Should I throw this away?**

885 そろそろ帰ったほうがよさそう。 → **I should go home soon.**

ノック コーチ	リターン あなた
886 何を持っていったらいいですか？	→ **What should I bring?**
887 何時に来ればいいですか？	→ **What time should I come?**
888 いくら払えばいいですか？	→ **How much should I pay?**
889 あなたの会社へはどうやって行ったらいいですか？	→ **How should I go to your office?**
890 ここからどうやって帰ったらいいですか？	→ **How should I go home from here?**

Unit 71 looks + 形容詞 (〜そう!)

コーチからのアドバイス

日本語はコンパクトな言葉だよね。例えば、「バンザイ！」や、「簡単そう」には主語がない。動詞だっていらないこともある。けれども英語はどんなにカジュアルでも、主語も動詞も必ず必要。

Track 47

891
おいしそう！
→ **It looks good.**
* It looks delicious / tasty / yummy. も使える。

892
私には大きそうよ。
→ **It looks too big for me.**

893
私にはちょっと小さそうだよ。
→ **It looks too small for me.**

894
この本、面白そう。
→ **This book looks fun.**
* looks interesting「内容が興味深い」も言える。楽しい絵本などの本は looks fun。『英会話1000本ノック 入門編』はどっちかな？

895
その赤ちゃん、とても眠そう。
→ **The baby looks so sleepy.**

ノック コーチ ▶ ▶ ▶ ▶ ▶ リターン あなた

896

少し疲れてるようだけど。 → **You look a little tired.**

897

元気そう。 → **You look great.**

898

あなたのお母さん、とても若く見えるね。 → **Your mom looks so young.**

899

そのスーツ似合ってるよ。 → **You look good in that suit.**

900

緑（の服）は似合わないの。 → **I don't look good in green.**

ワンポイント解説 You look... の表現は話の切り出しにも便利。You look good in... で「〜が似合う」というフレーズも覚えてね。

Unit 72 looks like + 名詞 (〜みたい)

コーチからのアドバイス

この「looks like + 名詞」は「〜みたい」にも「〜に似ている」にも使える。例えば、「日本の家みたい」は This looks like a Japanese house. で「私の家に似ている」は This looks like my house. となる。

Track 48

901 彼って映画スターみたいだよね。
→ He looks like a movie star.

902 彼女ってお父さんに似てるよね。
→ She looks like her dad.

903 あなたはお母さんに似てる。
→ You look like your mom.

904 あなたはお母さんかお父さん、どっちに似てる？
→ Do you look like your mom or your dad?

905 あなたは誰か有名人に似ていますか？
→ Do you look like anyone famous?

Unit 73 sounds ＋ 形容詞 (〜のようだね)

コーチからのアドバイス

「〜そう」のふたつ目の言い方 It sounds...「〜そうに聞こえる」。話を聞いて、自分の感想を一言で相手に伝えるのによく使う表現。特に It / That sounds good.「よさそう」「いいですね」はよく使う。

CD2 Track 49

906
それ、面白そう。
→ It sounds fun.

907
それ、よさそう。
→ It sounds good.

908
よさそうだけど、その日は忙しいです。
→ It sounds good, but I'm busy that day.

909
彼は優しそう。
→ He sounds nice.

910
彼女は意地悪そう。
→ She sounds mean.

Unit 74 Rhythm Master (going to...)

Track 50

ノック	リターン
911 これを食べます。	I'm going to eat this.
	* going to の発音ヒントは［ガナ］。
912 これは食べません。	I'm not going to eat this.
913 これを食べます？	Are you going to eat this?
914 彼女に電話します。	I'm going to call her.
915 彼女には電話しません。	I'm not going to call her.
916 彼女に電話しますか？	Are you going to call her?
917 これを着ます。	I'm going to wear this.
918 これは着ません。	I'm not going to wear this.
919 これを着るのですか？	Are you going to wear this?
920 何を着ますか？	What are you going to wear?

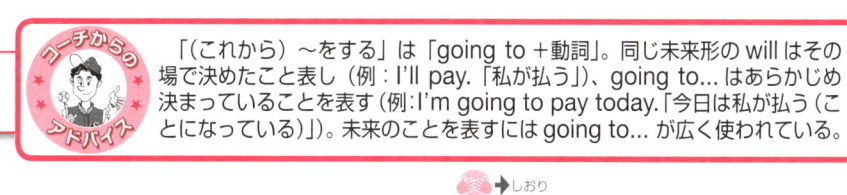

> **コーチからのアドバイス**
> 「(これから) 〜をする」は「going to ＋動詞」。同じ未来形の will はその場で決めたこと表し（例：I'll pay.「私が払う」）、going to... はあらかじめ決まっていることを表す（例：I'm going to pay today.「今日は私が払う（ことになっている）」）。未来のことを表すには going to... が広く使われている。

ノック	リターン
921 どこに行くのですか？	Where are you going to go?
922 いつ行くのですか？	When are you going to go?
923 どうやって行くのですか？	How are you going to go?
924 今晩、何をしますか？	What are you going to do tonight?
925 明日、何をしますか？	What are you going to do tomorrow?
926 このあと何をしますか？	What are you going to do after this?
927 誰に聞きますか？	Who are you going to ask?
928 どうやって聞きますか？	How are you going to ask?
929 いつ聞きますか？	When are you going to ask?
930 どうやってお祝いしますか？	How are you going to celebrate?

1級 レベルアップ文法と表現

Unit 75 It's a kind of... (〜のようなものです)

コーチからのアドバイス

日本のものを説明するのに今まで習ったフレーズと文法を使ってみよう。新しい表現は kind of...。「〜はどんな〜？」は What kind of...is...?。肯定文は It's a kind of...。これはとても役に立つ表現！

It's a kind of...

CD2 Track 51

ノック コーチ	リターン あなた
931 What kind of food is *senbei*? せんべいってどんな食べ物ですか？	It's a kind of... ※ snack（おかし）
932 What does it look like? 見た目はどのようなものですか？	It looks like... ※ a round cracker（まるいクラッカー）
933 What kind of food is *karashi*? カラシってどんな食べ物ですか？	It's a kind of... ※ spice（スパイス）
934 What does it look like? 見た目はどのようなものですか？	It looks like... ※ mustard（マスタード）
935 What does it taste like? どんな味ですか？	It tastes like... ※ very spicy mustard（とても辛いマスタード）

ノック コーチ	リターン あなた
936 What kind of food is *shiratama*? 白玉ってどんな食べ物ですか？	It's a kind of... ※ dessert（デザート）
937 What does it look like? 見た目はどのようなものですか？	It looks like... ※ a cotton ball（白いコットン玉）
938 What kind of food is *ikura*? いくらってどんな食べ物ですか？	It's a kind of... ※ fish egg（魚のタマゴ）
939 What does it look like? 見た目はどのようなものですか？	It looks like... ※ little orange balls（小さいオレンジ色の玉）
940 What does it taste like? どんな味ですか？	It tastes... ※ salty（塩っ辛い味）

Speed Quiz — Media & Society

1級 / CD2 Track 52

Questions	Answers
941 Message from coach in English… （コーチからの応援メッセージ）	※ OK. / I see.
942 942〜945 は一連の流れです。 **Did you watch the news today?** 今日はニュースを見ましたか？	※ Yes. / No.
943 How about yesterday? 昨日は見ましたか？	※ Yes. / No. / I don't remenber.
944 Was there any news about politics? 政治の話題はありましたか？	※ I think so. / I don't think so. / Yes. / No.
945 Was there any news about crime? 犯罪ニュースはありましたか？	※ Yeah, I think so. / I don't think so. / I don't remember.
946 946〜949 は一連の流れです。 **I have a question about the economy, OK?** 経済について質問してもいいですか？	※ Sure. Go ahead. / OK.
947 How is the Japanese economy now? 日本の経済はどうですか？	※ It's getting better. / It's not that good. / I'm not sure. / Strong.
948 I have a question about the Japanese Yen, OK? 日本の円について質問してもいいですか？	※ Sure. Go ahead. / OK.
949 Is the Yen strong or weak now? 今日本円は強いですか、弱いですか？	※ I'm sorry. I'm not sure. / It's strong. / Strong. / Weak.
950 950〜953 は一連の流れです。 **Next, I have a question about banks, OK?** 銀行について質問してもいいですか？	※ Sure. Go ahead. / OK.

※は回答例です。参考にして自分の答えを記入してください。

> **コーチからのアドバイス**
> 最後はニュースや経済について聞かれても簡単に返せる英語マインドを鍛えよう。大人の日常チャットにはよく出てくる話題でしょう。3級の Weather クイズ（→ p.110）と同じようにこれまでに習ったフレーズや表現が多いに使えるので試してみよう。

🔖 しおり

Questions	Answers
951 Which bank do you use? どこの銀行を利用していますか？	※ The Post office Bank. / Mizuho Bank.
952 Sorry? もういちどお願いします。	※ The Post office Bank. / Mizuho Bank.
953 Do you like that bank? その銀行を気に入っていますか？	※ Yeah. / I think so. / No. / Not much. / It's OK. / Yes.
954 954～959は一連の流れです。 **Do you have a full-time job?** フルタイムで仕事をしていますか？	※ Yes. / No. / Not now.
955 What do you do? 仕事は何ですか？	※ I'm a teacher. / I work at a company.
956 How long have you been doing that job? その仕事はどれくらいやっていますか？	※ About three years. / Almost five month. / I just started.
957 Do you like it? 仕事は好きですか？	※ Yes, very much. / No. Not much. / I'm not sure.
958 What did you do before that job? その仕事の前は何をしていたのですか？	※ I was a student. / I was at different company.
959 Sorry. Would you say that again, please? すみません。もういちど言っていただけますか？	※ I was a student. / I was working at different company.
960 I see. OK. That's all. Good job. よくできました。	※ Thanks. / I did it! / I want to try again.

何問できたかチェック ▶ しおりTest ／20問　CD Test ／20問　次は仕上げMIXにチャレンジ！

仕上げ MIX　レベルアップ応対

1級

🔖 しおり　CD2 Track 53

ノック	リターン
961 How are you doing? 調子はどうですか？	Good, and you? いいですよ。あなたは？
962 Are you nervous? 緊張してますか？	Yes. A little. はい。少しだけ。
963 OK. Good luck. OK. じゃあ、がんばってね。	Thank you. ありがとう。
964 Ah… I forgot the question… Sorry. あれ!? 質問を忘れちゃった。ごめん。	That's OK. 大丈夫ですよ。 ＊ That's OK. の後に Don't worry about it. を続けて言うこともある。
965 Oh! I drank from your tea cup. Sorry! おっと、あなたの(お茶用の)カップで飲んじゃった。ごめん。	That's OK. いえ、いいですよ。
966 Oh! Yesterday was my 40th birthday. 昨日は私の誕生日だったの。	Congratulations! おめでとう。
967 Oh, no! I forgot your birthday again! やだ、あなたの誕生日をまた忘れていました。	Don't worry about it. 気にしなくていいよ。
968 Do you want to go to a really nice French or Italian restaurant tonight? すごく素敵なフレンチかイタリアンのお店に今晩行きたい？	It's up to you. あなたにお任せするよ。
969 I'll ask your father for some money. 君のお父さんにお金を貸してもらえるか聞いてみよう。	Please don't. やめてよ。
970 OK. I'll get a small loan from the bank. わかったよ。じゃあ銀行からすこしだけローンで借りよう。	Well… that's not a good idea. うーん、あまりよくないと思うよ。

> **コーチからのアドバイス**
> いよいよ1級レベルアップ応対の仕上げノックだ。親しい人との会話をイメージしながら、ポンと出てくる自分なりのひとことをゲットしていこう。CDのスピードに合わせてどんどん言葉が出てくるようになったら、それは確実にレベルアップしている証だよ。

ノック	リターン
971 OK. I'll sell my car and we can go to the French restaurant. よし、じゃあ僕の車を売ってフレンチレストランに行こう。	Well… that's not a good idea. うーん、それもあまりよくないと思うよ。
972 You are the nicest person in the world! あなたの笑顔は世界で一番美しいですね。	Oh, please! かんべんしてよ。
973 Would you like to play ping pong or a video game? 卓球かテレビゲームでもしませんか？	It's up to you. あなたにお任せします。
974 Good shot! いいショット！	Thanks. ありがとう。
975 Good rally. いいラリーだね。	Good rally. いいラリーになってますね。
976 Nice hustle! いい動きだね。	Thanks. ありがとう。
977 Oh! Almost. 惜しかったね。	Oh, well. まあ、仕方ない。
978 Good game. いい試合だ。	Good game. いい試合ですね。
979 Thank you. ありがとう。	Thank you. こちらこそ。
980 OK. You have one more quiz. Good luck! テストはあとひとつあるよ。がんばってね。	Thanks. ありがとう。

次の仕上げ MIX に **Let's GO!**

1級 仕上げ MIX　レベルアップ文法と表現

ノック	リターン
981 彼女はやさしそう。	She sounds nice.
982 彼って意地悪そう。	He sounds mean.
983 若く見えるね！	You look young.
984 妹に似ているね。	You look like your sister.
985 私、有名人の誰にも似てない。	I don't look like anyone famous.
986 彼は私の空手の先生に似ている。	He looks like my *Karate* teacher.
987 これ、日本の家みたいだね。	This looks like a Japanese house.
988 難しそう。	It sounds difficult.
989 もっと練習したほうがいい。	I should practice more.
990 何時に来ればいいですか？	What time should I come?

> **コーチからのアドバイス**
> 最後の仕上げの日→英ノック＆リターン。日本語のニュアンスをよくつかんで、自然な英語に置き換える。これがCDのスピードに合わせて8割くらいできるようになったら、1級合格！ 1000本まであと一息、がんばってね。Do your best!

ノック	リターン
991 これは捨てたほうがいいかな？	Should I throw this away?
992 これは捨てたほうがいいね。	I should throw this away.
993 雨が降らないといいな。	I hope it doesn't rain.
994 晴れたらいいですね。	I hope it'll be sunny.
995 全員の名前が覚えられるといいな。	I hope I can remember everyone's name.
996 これは着ません。	I'm not going to wear this.
997 これを着るのですか？	Are you going to wear this?
998 これを着ていきます。	I'm going to wear this.
999 また会えるといいですね。	I hope I can see you again.
1000 私もそう願っております。	I hope so too.

1000本達成。Congratulations!

著者紹介（プロフィール）

スティーブ・ソレイシィ (Steve Soresi)

Photo by Y. Watari

　アメリカ、ワシントンD.C.出身。早稲田大学大学院政治研究科修了。1990年初来日。岐阜県の学校で英語指導助手を務める。「外国人のための日本語弁論大会」で優勝して以来、テレビほかで活躍。NHK教育テレビ『スティーブ・ソレイシィのはじめよう英会話』などで人気を博す。また自らが日本語を習得したときの学習法を基に、多数の学習者に英語を教えた経験もプラスして独自の英会話学習アプローチも開発。主な著書に『英会話なるほどフレーズ100』『英会話ペラペラビジネス100』（以上アルク）、『国際人の英会話学習法』（角川新書）、『耳慣れビクス英会話』『これだけでいいよ！英会話』（ユーキャン）、『英会話1000ノック』『英会話1000本ノック入門編』『英会話1000本ノックビジネス編』（コスモピア）など。また、iPhone/Androidのアプリに「スティーブの英会話ペラペラビジネス100」（アルク）などがある。日本の「英語ができる国の仲間入り」を目指して、セミナーや執筆活動をさかんに行っている。ソレイシィ研究所（株）代表（公式サイトは http://www.soreken.jp/）。2012年4月からNHKラジオ英会話タイムトライアルの講師を務める。

英会話1000本ノック 入門編

2010年4月10日　初版第1刷　発行
2012年9月10日　第5刷　発行

著者／スティーブ・ソレイシィ
協力／ロビン・ソレイシィ

装丁・デザイン／松本田鶴子
表紙イラスト／倉谷美代子
文中イラスト／松並良仁

校正／Ian Martin
ナレーション／Michelle Ando, Jeff Manning
DTP／青島律子

発行人／坂本由子
発行所／コスモピア株式会社
　　　〒151-0053　東京都渋谷区代々木4-36-4　MCビル2F
　　　営業部 TEL: 03-5302-8378　email: mas@cosmopier.com
　　　編集部 TEL: 03-5302-8379　email: editorial@cosmopier.com
　　　http://www.cosmopier.com　　http://www.kikuyomu.com

印刷・製本／シナノ印刷株式会社
音声編集／安西一明
録音／中録サービス株式会社

©2010 Stephen Soresi

出版案内 — CosmoPier

『入門編』を終えたら、次はソレイシィコーチの待ったなしのノックに挑戦！

英会話1000本ノック

CDに収録されているのはソレイシィコーチの質問のみ。CDのポーズの間に、自分でドンドン答えていく方式です。テキストには回答例やひとつひとつの質問に対する丁寧なアドバイスを掲載。「ひとこと」でまず答える→「補足」する→「はずみ」をつけて聞き返すの3ステップ方式で、会話を長く続ける骨組みを作りあげます。

【本書の内容】
- 最重要トップテン定番あいさつノック
- 丁寧な依頼ノック
- 海外旅行中のトップテンノック
- キチンとあいづちが必要なノック
- ベイシック文型ノック
- ステップアップ文型ノック
- トピックノック［家族／天気／仕事／生活／メディア／健康／自然／日本について……］
- 仕上げノック［飛行機の中で／旅先で／英語で面接］
  他

著者：スティーブ・ソレイシィ
A5判書籍237ページ＋CD2枚（各74分）

定価1,890円（本体1,800円＋税）

コスモピア・サポート

いますぐご登録ください！ 無料

「コスモピア・サポート」は大切なCDを補償します

使っている途中でキズがついたり、何らかの原因で再生できなくなったCDを、コスモピアは無料で補償いたします。
一度ご登録いただければ、今後ご購入いただく弊社出版物のCDにも適用されます。

登録申込方法
本書はさみ込みハガキに必要事項ご記入のうえ郵送してください。

補償内容
「コスモピア・サポート」に登録後、使用中のCDにキズ・割れなどによる再生不良が発生した場合、理由の如何にかかわらず新しいCDと交換いたします（書籍本体は対象外です）。

交換方法
1. 交換を希望されるCDを下記までお送りください（弊社までの送料はご負担ください）。
2. 折り返し弊社より新しいCDをお送りいたします。
   CD送付先
   〒151-0053　東京都渋谷区代々木4-36-4
   コスモピア株式会社「コスモピア・サポート」係

★下記の場合は補償の対象外とさせていただきますのでご了承ください。
- 紛失等の理由でCDのご送付がない場合
- 送付先が海外の場合
- 改訂版が刊行されて6カ月が経過している場合
- 対象商品が絶版等になって6カ月が経過している場合
- 「コスモピア・サポート」に登録がない場合

＊製品の品質管理には万全を期していますが、万一ご購入時点で不都合がある「初期不良」は別途対応させていただきます。下記までご連絡ください。

連絡先：TEL 03-5302-8378
　　　　FAX 03-5302-8399
「コスモピア・サポート」係

発行　コスモピア　　www.cosmopier.com

出版案内 コスモピア

英会話1000本ノック〈ビジネス編〉
会話のマナーからプレゼンテクニックまで!

あいさつ、自己紹介から始まり、状況で7段階に使い分けるお礼とお詫びの表現や電話応対を特訓。さらにスケジューリング、大きな単位の数字の攻略、Noをビジネスライクに言う表現、プレゼンまで、1000本ノック方式で練習します。回答例入りと質問のみの、両パターンの音声をMP3形式で用意。

著者:スティーブ・ソレイシィ
A5判書籍218ページ+CD-ROM(MP3音声430分)
定価2,100円(本体2,000円+税)

話せる! 英語シャドーイング
リスニングからスピーキングへの橋渡し

リスニングに速効のあるシャドーイングを、スピーキングに直結させる10ステップのトレーニング本。最初に11レベルのベンチマーク音声から自分のスタートラインを自己診断。名作の朗読、ニュース、ブラッド・ピットやエマ・ワトソンへのインタビュー、著名人のスピーチなど、多彩な練習素材を用意しています。

著者:門田 修平/柴原 智幸/高瀬 敦子/米山 明日香
A5判書籍218ページ+CD1枚(45分)
定価1,890円(本体1,800円+税)

日常英会話。ほんとに使える表現500
ミニドラマで楽しくレッスン

外資系企業に転職した28歳の主人公が、上司や同僚、その友人や家族に囲まれながら、英語にも仕事にも次第に自信をつけていく過程を描いた1年間のミニドラマ。24シーン、各2〜3分の会話の中に、よく使われる表現を平均20個もアレンジしました。イキイキしたセリフはシャドーイングの練習に最適

著者:キャスリーン・フィッシュマン/坂本 光代
A5判書籍232ページ+CD1枚(68分)
定価1,890円(本体1,800円+税)

耳からマスター! しゃべる英文法
使えない知識を「使える英語」に!

学校で勉強したのに話せないのは、授業が「話す」ためのものではなかったから。本書は、仕事とプライベート全24場面の会話をもとに、聞いて答える練習をして文法力を再構築。「微妙なニュアンスを伝える」「条件を盛り込む」といった複雑な表現も、自動的に口をついて出てくるようになります。

著者:白井 恭弘
A5判書籍184ページ+CD2枚(64分、68分)
定価1,890円(本体1,800円+税)

言いまくり! 英語スピーキング入門
本書では沈黙は「禁!」

「あいさつ程度」から脱却するべく、描写力・説明力を徹底的に鍛える1冊。写真やイラストといった「視覚素材」を使って、考える→単語を探す→文を作る→口に出すという一連のプロセスのスピードアップを図り、見た瞬間から英語が口をついて出てくるようにするユニークなトレーニングブックです。

著者:高橋 基治/ロバート・オハラ
A5判書籍184ページ+CD1枚(54分)
定価1,680円(本体1,600円+税)

英語で語るニッポン
現代日本の実生活を話してみよう

たこ焼き、発泡酒、ゆかた……、日本のことを外国人に説明しようというとき、ぴったりの英単語が思い浮かばなくても、今の英語力で上手に表現できるテクニック9つを伝授。日本人の価値観や生活のルールなどの説明も適宜加えながら、やさしい話し言葉スタイルで表現し、外国人との会話が弾むように構成。

コスモピア編集部 編
A5判書籍235ページ
定価1,890円(本体1,800円+税)

全国の書店で発売中! www.cosmopier.com

出版案内

田中茂範先生のなるほど講義録①
そうだったのか★英文法
aとthe、thisとthatで迷ったらこれ！

ネイティブにとって文法とは、知らないうちに獲得した直観。「決まり事だから覚えなさい」ではなく、「もっとわかりやすくシンプルに説明できるはず」という著者の思いを形にした1冊。日本人がいだくさまざまな疑問に、授業スタイルの話し言葉で合理的に回答します。冠詞も時制も、やっかいな助動詞も読めば納得。

著者：田中 茂範
B6判書籍262ページ
定価1,575円（本体1,500円＋税）

田中茂範先生のなるほど講義録②
英語のパワー基本語［基本動詞編］
haveやtakeで困ったらこれ！

やさしい基本動詞を、ネイティブはいろいろな意味に使いこなします。先生はイラストで基本動詞のコアイメージを明らかにし、たくさんの例文を挙げて本質を鮮明に浮かび上がらせます。「いろいろ」ではなく、1本の筋が通っていることが見えてきます。音声講義はホームページから無料ダウンロード。

著者：田中 茂範
B6判書籍208ページ
定価1,575円（本体1,500円＋税）

田中茂範先生のなるほど講義録③
英語のパワー基本語［前置詞・句動詞編］
on、in、at…で悩んだらこれ！

日本人の苦手な項目トップ3に入る「前置詞」と、どれも似たように見えがちな「句動詞」を徹底攻略。先生は句動詞を「基本動詞」＋「空間詞」と定義し、それぞれのコアイメージを合体させてアプローチ。10の動詞から生まれる80の句動詞をクリアに押さえる本書は、英語学習者必携。

著者：田中 茂範
B6判書籍264ページ＋CD-ROM（MP3音声410分）
定価1,785円（本体1,700円＋税）

田中茂範先生のなるほど講義録④
パワー基本語トレーニング1000
「わかる」と「使える」のギャップを埋める！

講義録②と③で取り上げた基本語を自由自在に使いこなすためのトレーニング本。「気づき」「関連化」「理解」「産出」「自動化」の5つの目的に沿って、イラストクイズ、似たもの動詞の使い分け、3秒返しエクササイズなど多彩なメニューを用意。映画のワンシーンや小説の一部も学習素材です。

著者：田中 茂範
B6判書籍204ページ＋CD-ROM（MP3音声220分）
定価1,680円（本体1,600円＋税）

田中茂範先生のなるほど講義録⑤
語彙を増やす★英単語ネットワーク
好奇心と学習意欲がグングン高まる！

私たちの脳は関連づけて覚えることが得意。そこで「環境と原発」「気候」「政治」「経済」「料理」など、10のトピック別に関連語をピックアップして整理し、ネットワーク化しました。先生の解説でニュアンスの違いや語源も学べます。音声5時間分はホームページから無料ダウンロード。

著者：田中 茂範
B6判書籍298ページ
定価1,680円（本体1,600円＋税）

田中茂範先生のなるほど講義録⑥
これなら話せる★チャンク英会話
「文を作らない」がスピーキングの決め手！

会話は思い浮かんだ断片＝「チャンク」をそのまま口に出し、言葉をつないでいくもの。日常会話の慣用表現840と、チャンクをつなぐチャンキング・テクニックをマスターすれば、英会話はグンと楽になります。本書で「頭の中で完璧な文を組み立ててからでないと口に出せない症候群」脱却。

著者：田中 茂範
B6判書籍296ページ＋CD-ROM（MP3音声158分）
定価1,785円（本体1,700円＋税）

全国の書店で発売中！　www.cosmopier.com

コスモピア　出版案内

決定版 英語シャドーイング〈超入門〉
ここからスタートするのが正解！

シャドーイングは現在の英語力より何段階か下のレベルから始めると、コツがうまくつかめます。そこでひとつが20〜30秒と短く、かつスピードもゆっくりの素材を集めました。日常会話や海外旅行の定番表現、実感を込めて繰り返し練習できる感情表現がたくさん。継続学習を成功させる記録手帳付き。

編著：玉井 健
A5判書籍210ページ+
CD1枚（73分）

定価1,764円
（本体1,680円+税）

英語シャドーイング〈映画スター編〉Vol.1
早口のスターのインタビューに挑戦！

キアヌ・リーブス／ケイト・ブランシェット／デンゼル・ワシントン／シャーリーズ・セロン／ケヴィン・スペイシー／ダニエル・ラドクリフ＆エマ・ワトソン／ジェニファー・アニストン他『フレンズ』出演者の、計7本のインタビューでシャドーイング。興味津々の発言内容を楽しみながら、高度なトレーニングができます。

著者：玉井 健
A5判書籍168ページ+
CD2枚（74分×2）

定価1,890円
（本体1,800円+税）

決定版 英語シャドーイング〈入門編〉
聞く力がグングン伸びる！

リスニングに抜群の速効があり、短期間で効果を実感できるシャドーイング。『入門編』では、スピードはゆっくりながら、ひとつが2〜3分とやや長めの素材を提供します。名作の朗読や、小学校の理科と算数の模擬授業、ロバート・F・ケネディのキング牧師暗殺を悼むスピーチなど、やりがい十分です。

編著：玉井 健
A5判書籍194ページ+
CD1枚（71分）

定価1,680円
（本体1,600円+税）

英語シャドーイング〈映画スター編〉Vol.2
「高速モード」のリスニング力がつく

レニー・ゼルウィガー／マット・デイモン／ニコール・キッドマン／ジョージ・クルーニー／ジェニファー・ロペス／レオナルド・ディカプリオ等のインタビューを収録。手強いスターの英語も、シャドーイングなら、出身地で異なる発音や心情を伝える細かなニュアンスまで、正確にキャッチできるようになります。

著者：玉井 健／西村 友美
A5判書籍168ページ+
CD2枚（72分、46分）

定価1,890円
（本体1,800円+税）

決定版 英語シャドーイング
最強の学習法を科学する！

音声を聞きながら、即座にそのまま口に出し、影のようにそっとついていくシャドーイング。「最強のトレーニング」と評される理論的根拠を明快に示し、ニュースやフリートーク、企業研修のライブ中継、さらにはトム・クルーズ、アンジェリーナ・ジョリーへのインタビューも使って、実践トレーニングを積みます。

著者：門田 修平／玉井 健
A5判書籍248ページ+
CD1枚（73分）

定価1,890円
（本体1,800円+税）

現地なま録音 アメリカ英語を聞く
手加減なしの街の人の声で大特訓！

しっかり予習してアメリカに行ったのに、「全然聞き取れなかった」とショックを受けて帰国することが多いのは、スタジオ録音と生の英語のギャップが原因。NYとワシントンで録音してきた現地英語は、周囲の騒音やなまり、さまざまな音変化のオンパレード。3段階トレーニングで、本物の音を徹底攻略します。

著者：西村 友美／中村 昌弘
A5判書籍167ページ+
CD1枚（52分）

定価1,890円
（本体1,800円+税）

全国の書店で発売中！　　www.cosmopier.com

出版案内

イギリス英語を聞く THE RED BOOK
すべて現地生取材・生録音!

ダックツアー、ウィンブルドン・ミュージアム、セントポール大聖堂、ナショナル・ギャラリー、オリンピック・スタジアムなど、9カ所の観光スポットで、ツアーガイドや学芸員に生取材。元イギリス代表クリケット選手、アンガス・フレイザー氏へのインタビューも収録。臨場感あふれるイギリス英語満載です。

著者:小川 直樹／川合 亮平
協力:米山 明日香
A5判書籍179ページ+
CD1枚(78分)

定価1,890円
(本体1,800円+税)

イギリス英語を聞く THE BLUE BOOK
リアルな今の現地英語に耳を慣らす!

シャーロック・ホームズ・ミュージアム、ハリー・ポッター・ウォーク、グロブナー・ホテル、ナショナル・シアターなど、9カ所の観光スポットで生取材。20代から80代まで、多彩な英語を収録しています。プレミアリーグで活躍した元プロサッカー選手、ギャリー・マバット氏へのインタビューは必聴。

著者:米山 明日香／川合 亮平
A5判書籍172ページ+
CD1枚(78分)

定価1,890円
(本体1,800円+税)

めざせ! 100万語 英語多読入門
やさしい本からどんどん読もう!

「辞書は引かない」「わからないところはとばす」「つまらなければやめる」の多読三原則に従って、ごくやさしい本からたくさん読むことが英語力アップの秘訣。本書を読めば、多読の大きな効果とその根拠、100万語達成までの道のりのすべてがわかります。洋書6冊を本誌に収め、CDには朗読を収録。

監修・著:古川 昭夫
著者:上田 敦子
A5判書籍236ページ+
CD1枚(50分)

定価1,890円
(本体1,800円+税)

英語多読完全ブックガイド〈改訂第3版〉
洋書13,000冊の最新データベース

リーダー、児童書、ペーパーバックなど、多読におすすめの洋書13,000冊を選定。英語レベル別に特選本を推薦しているほか、すべての本に、読みやすさレベル、おすすめ度、総語数、ジャンル、コメント、ISBNのデータを掲載。次にどの本を読もうと思ったときにすぐに役立つ、多読必携のブックガイドです。

編著:古川 昭夫／神田 みなみ
A5判書籍512ページ

定価2,940円
(本体2,800円+税)

「ハリー・ポッター」Vol.1が英語で楽しく読める本

原書で読めばもっともっと楽しい!

原書と平行して活用できるガイドブック。章ごとに「章題」「章の展開」「登場人物」「語彙リスト」「キーワード」で構成し、特に語彙リストには場面ごとに原書のページと行を表示しているので、辞書なしでラクラク読み通すことができます。呪文や固有名詞の語源や、文化的背景まで詳しく解説。

著者:クリストファー・ベルトン
翻訳:渡辺 順子
A5判書籍176ページ

定価1,365円
(本体1,300円+税)

英単語 語源ネットワーク
語彙力アップの決め手が語源!

英語上級者に単語を覚えた秘訣を聞くと、異口同音に出てくるのが語源。ギリシャ語、ラテン語、ゲルマン語にさかのぼる英語の語源にはドラマがあります。丸暗記は不要。単語の意味を決定する語根と接頭辞からネットワーク的に覚えていく方法は、忘れにくいうえに未知語への応用が利く王道。

著者:クリストファー・ベルトン／長沼 君主
翻訳:渡辺 順子
A5判書籍228ページ

定価1,890円
(本体1,800円+税)

全国の書店で発売中!　　www.cosmopier.com

出版案内 コスモピア

世界経済がわかるリーダーの英語
ダボス会議の白熱のセッションに学ぶ！

カルロス・ゴーン、キャメロン英首相、フェイスブックのサンドバーグCOOをはじめとする、政財界のリーダー27名の英語スピーチをダボス会議から選定。欧州経済危機、中国やインドの動向などに関するセッションの背景解説から始まり、英文、和訳、語注、キーワード解説、専門用語リストを付けています。

著者：柴田 真一
A5判書籍204ページ＋CD1枚（66分）
定価2,205円（本体2,100円＋税）

ダボス会議で聞く世界の英語
ノンネイティブの英語をリスニング！

緒方貞子、マハティール、アナン、ラーニア王妃など、ノンネイティブを中心に20カ国、26名の政財界のリーダーのスピーチを集めました。地球温暖化、テロ、エネルギー資源といった、世界共有のテーマの多種多様な英語のリスニングに挑戦し、自分らしい英語を堂々と話す姿勢を学び取りましょう。

著者：鶴田 知佳子／柴田 真一
A5判書籍224ページ＋CD1枚（64分）
定価2,205円（本体2,100円＋税）

完全保存版 オバマ大統領演説
キング牧師のスピーチも全文収録！

オバマ大統領の就任演説、勝利宣言、いまや伝説の民主党大会基調演説など5本の演説を全文収録。キング牧師「私には夢がある」演説、ケネディ大統領就任演説も肉声で全文収録。さらにリンカーンとルーズベルトも加えた決定版。英文・対訳・語注とそれぞれの演説の背景解説を付けています。

コスモピア編集部 編
A5判書籍192ページ＋CD2枚（70分、62分）
定価1,554円（本体1,480円＋税）

ゴア×ボノ「気候危機」「超貧困」
ダボス会議スペシャルセッション

ダボス会議からアル・ゴアとロックバンドU2のボノの歴史的対談を収録したCDブック。ゴアの見事なスピーチ、ボノのユーモアを交えて聞き手を巻き込む発言から、地球が直面するテーマの時事英語が学べます。小冊子には英文・対訳・語注を掲載。司会は『フラット化する世界』のトーマス・フリードマン。

コスモピア編集部 編
CD1枚（63分）＋小冊子96ページ
定価1,575円（本体1,500円＋税）

仕事で使う英会話
シャドーイングで耳から鍛える！

多くの企業が海外に活路を求めるいま、英語力のニーズはかつてないほど高まっています。本書は会議、商談、電話、海外出張など、57場面の会話をシャドーイングでそっくり身につけようというもの。「考えておきます」から生じる認識の違いなど、国際ビジネスに不可欠な背景知識もアドバイス。

著者：アレックス M.林／八木 達也
A5判書籍154ページ＋CD1枚（54分）
定価1,680円（本体1,600円＋税）

アメリカの小学校に学ぶ英語の書き方
ライティングにはメソッドがある

アメリカでは「自分の言いたいことを明確に伝える」手段として、低学年からライティングを学びます。スペルミスだらけの意味不明の文を書いていた子どもが、高学年になると論理的な長文を書くようになるプロセスは、日本人の大人にとってもお手本。誌上に授業の様子を再現し、さまざまなメソッドを紹介します。

著者：リーパーすみ子
A5判書籍156ページ
定価1,470円（本体1,400円＋税）

全国の書店で発売中！　　www.cosmopier.com

コスモピア 出版案内

TOEIC®テスト 超リアル模試600問
カリスマ講師による究極の模試3回分！

600問の問題作成、解説執筆、音声講義のすべてを著者自らが手掛け、細部まで本物そっくりに作り込んだリアル過ぎる模試。各問の正答率、各選択肢の誤答率、難易度を表示し、予想スコアも算出。わかりやすさで定評のある解説は持ち運びに便利な3分冊。花田先生の音声解説67分も収録した決定版。

著者：花田 徹也
A5判書籍530ページ＋
CD-ROM（MP3音声202分）

定価1,890円（本体1,800円＋税）

新・最強の TOEIC®テスト入門
「見れば」すぐにポイントがわかる！

「全文を読むな」「動作だけを聞いても正解を選べる」「最初の数行に1問目の答えがある」というように、61の出題パターンをズバズバ提示。具体的な例題に沿いながら、解答のフローをページ見開きでわかりやすく示します。初受験で500点獲得、2回目以降の人は150点アップが目標です。

著者：塚田 幸光／
　　　横山 仁視 他
A5判書籍260ページ＋
CD1枚（59分）

定価1,890円（本体1,800円＋税）

TOEIC®テスト 出まくりキーフレーズ
直前にフレーズ単位で急速チャージ！

TOEICテストの最頻出フレーズ500を、わずか1時間で耳と目から急速チャージします。フレーズを盛り込んだ例文は、試験対策のプロ集団がじっくり練り上げたもので、例文中のキーフレーズ以外の単語もTOEICテストやビジネスの必須単語ばかり。ひとつの例文が何倍にも威力を発揮する、まさに短期決戦の特効薬です。

著者：英語工房
B6判書籍188ページ＋
CD1枚（57分）

定価1,575円（本体1,500円＋税）

新TOEIC®テスト 出まくり英文法
英文法も例文ごと耳から覚える！

TOEICテストを実際に受験し、最新の出題傾向を分析し続けている「英語工房（早川幸治、高橋基治、武藤克彦）」の第2弾。PART5とPART6に頻出する文法項目64について、TOEICテスト必須語彙や頻出フレーズを盛り込んだ例文を作成し、CDを聞きながら例文ごと脳に定着させます。

著者：英語工房
B6判書籍200ページ＋
CD1枚（58分）

定価1,575円（本体1,500円＋税）

新TOEIC®テスト 出る語句1800
ショートストーリーの中で覚える！

1冊まるごとビジネスのストーリー仕立て。PART3形式の短い会話、PART4形式のスピーチやアナウンスの中に、最新のデータから選出した頻出語句が4つずつ入っています。ストーリーの流れに沿って関連語が次々と登場するので、記憶への定着度は抜群。単語の使い方ごと身につきます。

著者：早川 幸治
B6判書籍284ページ＋
CD2枚（47分、52分）

定価1,680円（本体1,600円＋税）

TOEIC®テスト 出まくりリスニング
PART2・3・4対応の音の回路をつくる！

リスニング問題によく出る「決まった言い回し」を繰り返し聞き込むと、音声が流れてきた瞬間に情景が思い浮かぶようになります。会話の基本でもあるPART2のA→B形式の応答を300セット用意。さらにPART3タイプを40、PART4タイプを20収録し、頭の中に「音の回路」を構築することでスコアアップに直結させます。

著者：神崎 正哉
B6判書籍187ページ＋
CD1枚（64分）

定価1,575円（本体1,500円＋税）

全国の書店で発売中！　www.cosmopier.com

通信講座　CosmoPier

研修採用企業700社の目標スコア別通信講座

新TOEIC®テスト スーパー入門コース

まずはリスニングからスタート。「聞くこと」を通して、英語の基礎固めとTOEICテスト対策の2つを両立させます。

開始レベル	スコア300点前後または初受験
目標スコア	400点台
学習時間	1日20分×週4日
受講期間	3カ月
受講料	14,700円（税込）

新TOEIC®テスト GET500コース

英語を、聞いた順・読んだ順に英語のまま理解する訓練を積み、日本語の介在を徐々に減らすことでスコアアップを実現します。

開始レベル	スコア400点前後
目標スコア	500点台
学習時間	1日20分×週4日
受講期間	3カ月
受講料	20,790円（税込）

新TOEIC®テスト GET600コース

600点を超えるには時間との闘いがカギ。ビジネスの現場でも必須となるスピード対策を強化し、さらに頻出語彙を攻略します。

開始レベル	スコア500点前後
目標スコア	600点台
学習時間	1日30分×週4日
受講期間	4カ月
受講料	29,400円（税込）

TOEIC®テスト GET730コース

ビジネス英語の実力をつけることで、730点を超えるコース。特に長文パートの攻略に重点を置き、速読と即聴のスキルを磨きます。

開始レベル	スコア600点前後
目標スコア	730点以上
学習時間	1日40分×週6日
受講期間	4カ月
受講料	36,750円（税込）

監修　田中宏昌　明星大学教授
NHK「ビジネス英会話」「英語ビジネスワールド」の講師を4年にわたって担当。ビジネスの現場に精通している。

●大手企業でも、続々と採用中！
【採用企業例】
NEC／NTTグループ／三菱東京UFJ銀行／大同生命保険／いすゞ自動車／旭化成／京セラ／伊藤園／エイチ・アイ・エス／アスクル 他

まずはパンフレット（無料）をご請求ください
＊本書はさみ込みのハガキが便利です。
www.cosmopier.com

〒151-0053　東京都渋谷区代々木4-36-4　TEL 03-5302-8378　FAX 03-5302-8399
主催　コスモピア

TOEIC is a registered trademark of Educational Testing Service(ETS). This product is not endorsed or approved by ETS.